아브라함과 함께 걷는 신앙여정

아브라함과 함께 걷는 신앙여정

초판 1쇄 발행 2015년 2월 5일

지은이 · 최태영
펴낸이 · 조병호
펴낸곳 · 도서출판 통독원
주   소 · 서울시 서초구 반포대로 7길 17 (석영빌딩 B1, 서초동)
전   화 · 02) 525-7794
팩   스 · 02) 587-7794
홈페이지 · www.tongbooks.com
등   록 · 제22-2766호(2005.6.27)

ISBN 978-89-92247-84-9   03230

아브라함과 함께 걷는 신앙여정

최태영

통독원

머리말

여행에 여정이 있듯이 신앙도 그러합니다. 아주 긴 여행도 있고 짧은 여행도 있고, 각각의 여정이 있습니다. 긴 여행은 여정이 복잡할 것이고 짧은 여행은 여정도 간단할 것입니다. 신앙도 길고 짧은 여정으로 이루어져 있습니다. 우리가 만약 오래 산다면 우리의 신앙은 많은 여정으로 이루어질 것입니다. 아브라함은 믿는 자들의 조상으로서 모범적인 인물입니다.

그의 일생을 관찰하면 신앙의 여정을 상당히 잘 파악할 수 있습니다. 신앙이라는 긴 여행에서 어떤 여정들이 기다리고 있는지 미리 알고 있으면 큰 도움이 될 것입니다. 우리 각자가 지금 어떤 여정을 통과하고 있는지, 이것을 어떻게 잘 통과할 수 있을지, 앞으로 어떤 여정이 기다리고 있을지, 그리고 우리가 노년의 아브라함처럼 온전한 신앙의 경지에 도달하려면 얼마의 세월이 더 필요할지 등을 가늠할 수 있을 것입니다.

오래전에 《버리면 얻는다》라는 제목으로 아브라함의 이야기에 대한 묵상

집을 낸 적이 있습니다. 창세기의 아브라함에 대한 성경공부의 결과로 저술한 책이었습니다. 지금은 절판되었지만 그 책을 읽은 사람들로부터 신앙에 큰 도움이 되었다는 감사의 인사를 많이 받았었고, 개인적으로는 첫 책이었으므로 소중하게 여기고 있습니다.

이번의 책은 그것과 범위는 같으나 다른 차원에서 쓴 책입니다. 섬기고 있는 교회에서 아브라함의 신앙의 단계라는 큰 제목으로 시리즈 설교를 한 적이 있습니다. 신앙의 단계라는 주제로 아브라함의 모든 이야기를 조명해 보았습니다. 그 과정을 통하여 아브라함 이야기가 한 특수한 인물의 이야기라기보다는 모든 사람에게 해당되는 보편적인 신앙의 단계에 대한 이야기라는 것을 절감하였습니다. 하나님을 믿는 신앙이 어떻게 시작되어 어떤 과정을 거쳐서 하나님께서 인정하시는 성숙한 단계에 이르게 되는가를 보여주는 지도와 같이 느껴진 것입니다. 그래서 이것을 하나님 앞에서 성숙한 경지에 이르기를 원하는 모든 형제자매와 함께 나누고 싶은 마음이 있어 책으로 엮을 생각을 하였습니다. 다만 책을 만들면서 한 가지 개념을 수정했는데, 그것은 '단계'를 '여정'으로 바꾼 것입니다. 신앙생활을 통해서 극복해 나가야 할 것들이 반드시 일정한 순서로 짜여 있는 것은 아니라는 것을 뒤늦게 발견하였기 때문입니다.

우리가 모두 아브라함과 같은 순서로 신앙의 여러 여정을 통과하는 것은 아닙니다. 각자의 상황에 따라 순서는 다르게 나타날 것입니다. 어떤 사람에게는 A코스가 통과하기 힘들지만 다른 사람에게는 B코스가 더 어려울 수 있습니다. 그래서 설교 때와는 달리 책의 제목을 신앙의 여정으로 바꾸었습니다.

필자는 신학자로서 성경을 신학적 관점으로 읽는 것을 좋아하게 되었습니다. 신학을 성경에 종속적인 학문이라고 생각합니다. 다시 말해 신학은 그 자체로 가치를 가지고 있기보다는 성경을 잘 해석함으로써 성경에 계시된 하나님의 말씀을 오늘의 하나님의 백성들에게 체계적으로 잘 전달하는 사명을 가지고 있다고 생각합니다. 그래서 신학을 하는 사람들은 성경을 더욱더 사랑하여 가까이 하고 깊이 연구하되, 쉬운 말로 해석하여 성경의 말씀이 모든 사람들의 마음을 사로잡을 수 있도록 최선을 다해야 한다고 생각합니다.

이 책도 그런 차원에서 내놓게 된 것입니다. 아무쪼록 이 책을 읽는 사람들에게 창세기의 아브라함 이야기가 남의 이야기가 아니라 바로 나의 이야기로 들려지기를 기도합니다. 변변치 못한 책에 대한 추천사를 기꺼이 써 주신 존경하는 장신대 명예교수 강사문 박사님, 장신대 총장 김명용 박사님, 목회자성경연구원장 박승호 목사님, 그리고 광주서림교회 송재식 목사님께 심심한 감사를 드립니다. 아울러 출판을 허락해주신 통독원 조병호 박사님, 탁월한 편집으로 읽을 만한 책이 되게 만들어주신 통독원 출판팀과 여러 번 교정의 수고를 아끼지 않은 유성미 조교에게 고마운 마음을 전합니다.

2015년 1월
경산 남산재(南山齋)에서 공산(工山)
최태영

아브라함과
함께 걷는
신앙여정

목차

머리말

나오는 말

소명 召命

창 11:26-12:5

신앙의 여정은 복음을 듣고 믿음으로써 시작됩니다. 그런데 우리가 복음을 구체적으로 듣기 전에 하나님이 우리를 위해 많은 것을 이미 준비하셨습니다. 하나님이 세상을 창조하셨고, 예수 그리스도를 보내주셨습니다. 예수님께서 우리를 위해 죽으시고 부활, 승천하신 후 성령이 오셔서 교회를 세우셨습니다. 성령께서 교회를 통하여 우리에게 복음을 전해주셨습니다. 그리하여 마침내 우리 개개인에게 복음이 들려진 것입니다. 이 모든 것이 하나님의 절대적인 은혜입니다. 우리는 이것을 잊어서는 안 되겠습니다. 그 기나긴 시간을 통하여 마침내 우리는 복음을 듣고 믿음으로써 신앙의 첫 여정을 시작하게 되는 것입니다. 믿는 자들의 모델인 아브라함도 그렇게 신앙의 여정을 시작하였습니다.

하나

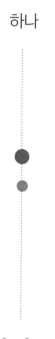

배경 背景

아브라함의 원래 이름은 아브람입니다. 창세기 11장에서 17장 앞부분까지는 아브람이라는 이름으로 등장합니다. 그러나 통일을 기하기 위해 특별히 밝혀야 하는 부분을 제외하고는 아브라함으로 통칭하겠습니다. 아브라함의 아버지는 데라인데, 그에게는 세 아들이 있었습니다. 아브라함 외에 나홀과 하란이 그들입니다. 데라의 가족은 원래 갈대아 우르라는 곳에서 살았습니다. 그곳은 지금 이라크 남부 지방으로 유프라테스 강과 티그리스 강 하류에 위치하고 있었습니다. 하란은 아들 롯을 낳았지만 일찍 죽었고, 아브라함은 자식이 없었으므로 조카인 롯을 아들처럼 여기고 데리고 함께 살았던 것으로 보입니다.

데라 가족은 하나님의 지시를 받아 갈대아 우르에서부터 가나안 땅으로 이주하기로 결정했습니다. 그러나 아브라함 가족을 제외한 나머지 식구들은 하란이라는 곳에 정착하게 됩니다. 하란은 지금의 터키 최남단에 해당되는데, 아마 그곳이 살기에 좋았던가 봅니다. 이름이 하란인 것을 봐서 아마도 데라의 아들이요 아브라함의 형제요 롯의 아버지인 하란이 거기서 죽은 것이 아닌가 싶습니다. 아무튼 아버지 데라와 아들 나홀은 그곳에 눌러 살게 되고, 아브라함 부부와 롯만이 하나님의 지시를 따라 다시 가나안으로 향했습니다.

아브라함에게 있는 가장 큰 문제는 자식이 없는 것이었습니다. 원인은 아마 부인인 사라에게 있었던가 봅니다. 아내 사라가 임신하지 못하는 여자였다고 설명되어 있기 때문입니다(창 11:30). 개인주의가 만연한 오늘날에도 자식이 없으면 불행한 일로 여겨지고 있습니다. 무자식 상팔자라는 말은 자식이 많은 사람들이나 할 말이지 자식 없는 사람은 그렇게 생각하지 않을 것입니다. 오늘날도 그러한데 하물며 자식이 곧 재산이고 행복과 불행의 기준이 되다시피 했던 고대 사회에서 결혼한 지 오래 지나도록 자식이 없다는 것은 보통 문제가 아니었을 것입니다. 아마 아브라함과 사라는 자식 문제로 엄청난 고민을 하며 살았을 것입니다. 이대로 자식이 없이 죽기라도 한다면 자기들의 인생은 완전 실패라는 절망적인 생각이 그들의 인생을 어둡게 만들고 있었을 것입니다.

그런 아브라함에게 하나님의 말씀이 들려 왔습니다. "너는 너의 고향과 친척과 아버지의 집을 떠나 내가 네게 보여 줄 땅으로 가라 내가 너로 큰 민족을 이루고 네게 복을 주어 네 이름을 창대하게 하리니 너는 복이 될 지라 너를 축복하는 자에게는 내가 복을 내리고 너를 저주하는 자에게는 내가 저주하리니 땅의 모든 족속이 너로 말미암아 복을 얻을 것이라"(창 12:1-3). 이것은 아브라함, 그리고 사라에게 복음이었습니다. 복된 소식, 기쁜 소식이었습니다. 1-3절까지 하나님의 짧은 이 말씀에서 '복'(히브리 어로 barak)이라는 단어가 무려 네 번이나 등장하였습니다.

둘

복福

아브라함을 부르시며 하신 말씀 중 2절은 아브라함에게 주신 복이 잘 열
거되어 있습니다. 그것은 큰 민족을 이루게 하심, 복을 주심, 이름을 창대
하게 하심, 복이 되게 하심입니다. 3절은 복이 되게 하신다는 뜻이 무엇인
지를 부연설명하신 것으로 이해됩니다. 그러므로 하나님이 아브라함에게
주신 복된 약속을 요약하면 이렇습니다. "내가 네게 복을 주어 … 너로 복
이 되게 하리라." 아브라함은 하나님으로부터 복을 받을 것이고, 그리고
복 받은 자기 자신이 이제는 다른 이들에게 복이 될 것이라는 뜻입니다.
2절에서 큰 민족을 이루게 하시는 것과 이름을 창대하게 하시는 것은 아
브라함에게 주실 복의 내용입니다. 아브라함은 개인적으로 그런 복을 받

을 것이고, 나아가 다른 모든 사람들에게 복이 될 것입니다. 이것을 개역
성경에는 '복의 근원'으로 번역하였는데, 좋은 번역으로 생각됩니다. 샘
의 근원처럼 아브라함은 복의 근원이 되어서 그를 만나는 모든 이들에게
그의 복이 흘러가게 된다는 것입니다.

아브라함의 가정은 그 당시 자식이 하나도 없으므로 불행의 대명사로 불
릴 정도였는데, 하나님은 그의 가정을 복의 근원이 되는 가정으로 만들겠
다고 하신 것입니다. 불행이 행복으로, 저주가 축복으로, 말하자면 상전
(桑田)이 벽해(碧海)가 되는 것입니다. 여기서 복에 대해 몇 가지 진리를 배
우게 됩니다.

첫째는 우리에게 복이 필요하다는 사실입니다. 창세기 1장에 의하면 하나
님께서 인간을 창조하신 다음 제일 먼저 하신 일이 복을 주신 것입니다.
하나님의 형상대로 인간을 만드시되, 남자와 여자로 만드신 다음에 복을
주셨습니다. 그런 후 명령하셨습니다. "생육하고 번성하여 땅에 충만하
라, 땅을 정복하라 … 모든 생물을 다스리라"(창 1:28).

인간은 그저 이 세상에 존재하기만 하면 되는 것이 아닙니다. 하나님의
뜻을 이루어야 하는 존재입니다. 하나님의 뜻은 인간이 이 지구에 가득하
게 번성하여 모든 생물을 다스리는 것입니다. 지구상에 있는 모든 생물이
하나님의 형상대로 지음 받은 인간의 다스림 가운데 하나님께 영광 돌리
는 공동체가 되도록 만드는 것이 하나님의 뜻입니다. 이 뜻을 이루기 위
해 인간에게 필요한 것이 복입니다. 그래서 하나님은 창조된 인간에게 먼

저 복을 주신 것입니다.

그러므로 우리가 하나님의 뜻을 이루고 하나님의 일을 하려면 복을 받아야 합니다. 복이 없는 사람은 그 일을 할 수 없습니다. 복 있는 사람은 잘할 수 있지만 복 없는 사람은 아무리 힘쓰고 애써도 안 된다는 것을 사람들은 경험적으로 알고 있습니다. 인력으로는 안 된다는 말을 하는데, 그게 그 말입니다. 복이 있는 사람은 슬슬 해도 잘되지만, 복이 없는 사람은 아무리 땀을 뻘뻘 흘려도 안 되는 것입니다.

시편 1편은 복 있는 사람에 관하여 이렇게 노래하고 있습니다. "그는 시냇가에 심은 나무가 철을 따라 열매를 맺으며 그 잎사귀가 마르지 아니함 같으니 그가 하는 모든 일이 형통하리로다"(시 1:3). 복이 있는 사람은 형통합니다. 그러나 복이 없으면 힘쓰고 애쓸지라도 얻지 못합니다. 이쯤되면 내가 복 있는 사람인지 없는 사람인지 분별해 봐야 하지 않겠습니까? 그리고 복 있는 사람이 되어야 하지 않겠습니까?

복에 대해 생각할 두 번째는 복은 하나님으로부터 온다는 것입니다. 복은 하나님께 속한 것입니다. 성경은 처음부터 끝까지 복은 하나님께 속한 것이고, 하나님이 우리에게 주시는 것이라고 증언하고 있습니다. 복은 인간에게 속한 것이 아니므로 인간이 줄 수 있는 것이 아닙니다. 인간은 다만 복을 빌어줄 수 있을 뿐입니다. 그래서 그것을 축복이라고 합니다.

축복은 복과 다릅니다. 축복의 축(祝)은 빈다는 뜻입니다. 복을 빈다는 말입니다. 그러므로 우리가 하나님께 "축복을 주세요."라고 기도하는 것은 틀린 말입니다. "복을 주세요."라고 기도해야 합니다. 축복은 하는 것이지 받는 것이 아닙니다. 우리는 다른 사람을 축복할 수 있습니다. 하나님이 그에게 복을 주시기를 비는 것입니다. 복은 하나님께 속한 것이기 때문입니다.

하나님은 아브라함에게 복을 주시기로 작정하셨습니다. 그에게 복을 주셔서 그로 하여금 복이 되게 하셨습니다. 복의 근원 또는 복 자체가 되게 만드셨습니다. 하나님이 아브라함에게 복을 주시기로 작정하시자 그때부터 그는 다른 사람과는 다른 대우를 하나님으로부터 받게 되었습니다. 그 이전에는 다른 사람들보다 대우를 잘 받지 못했었습니다. 다른 사람들은 자식들을 많이 낳았는데 그는 하나도 낳지 못했으니까 말입니다. 그때는 그의 인생이 복이 아니라 저주에 가까웠습니다. 그러나 이제 하나님이 복 주시기로 작정하시자 일이 풀리기 시작했습니다.

기근이 생겨서 애굽에 내려갔을 때, 정직하게 행하지 못하고 거짓말을 했지만 애굽의 왕 바로로부터 엄청난 재물을 선물 받을 수 있었습니다. 그것은 그가 복 받은 사람, 하나님이 함께하시는 사람이었기 때문입니다. 조카 롯에게 좋은 땅을 양보했음에도 불구하고 많은 재물과 가신들을 거느릴 수 있었습니다. 자기 주위에 세력이 있는 사람들과 동맹을 맺어 삶의 터전을 확보하였고, 나아가 전쟁에 나가서도 일방적인 승리를 거둘 수 있었습니다. 그리고 마침내 많은 자손들을 얻고 믿음의 조상으로서 길이 길이 그 이름을 후세에 전할 수 있었습니다. 이 모든 것이 하나님의 복 때문입니다.

둘째, 하나님은 복 있는 사람과 복 없는 사람을 뚜렷이 구별하시는 분입니다. 12장 3절에 이렇게 되어 있습니다. "너를 축복하는 자에게는 내가 복을 내리고 너를 저주하는 자에게는 내가 저주하리라." 하나님은 복 있는 자의 편을 들어주시는 것입니다. 이것을 가지고 하나님을 불공평한 분이라고 해서는 안 됩니다. 하나님은 공평하신 분입니다. 하나님은 공평하시기 때문에 해를 의인과 악인에게 골고루 비춰주시고, 비를 의인과 악인에게 공히 내려주십니다(마 5:45).

이처럼 창조의 은혜를 모든 사람에게 공평하게 나누어 주십니다. 그러나 구원의 은총까지 그렇게 하지는 않으십니다. 하나님은 공정한 재판장이시기 때문입니다. 의인과 악인에게 모든 것을 똑같이 주신다면 그것이야말로 의인을 억울하게 만드는 불공평한 처사가 될 것입니다. 그래서 하나님은 의인과 악인을 구별하시고 의인의 편이 되어주시는 것입니다. 성경이 말씀하는 의인이 바로 복 받은 자, 복 있는 사람입니다. 하나님은 복 있는 자와 한편이 되어주시는 것입니다.

셋째, 어떻게 하면 하나님으로부터 복을 받을 수 있을까요? 우리는 아브라함에게서 한 가지를 배우게 됩니다. 그것은 하나님의 약속을 믿고 받아들이는 것입니다. 하나님은 복을 주시겠다는 약속을 주시고 아브라함은 그것을 믿었습니다. 12장 4절에 보면 "이에 아브람이 여호와의 말씀을 따라갔다."라고 되어 있습니다. 말씀을 듣고 그대로 이루어질 줄을 믿었다는 것입니다. 불행한 인생을 살아가는 자에게 오셔서 복을 주시겠다고 하는 하나님의 약속을 그대로 믿고 받아들인 것입니다. 믿고 받아들임으로써 아브라함은 하나님의 복의 대상이 되었고, 복 있는 자의 인생을 살게 된 것입니다. 이것을 우리는 잘 기억해야 합니다.

하나님은 모든 사람에게 복을 주기를 원하시는 분입니다. 그러므로 우리는 아브라함에게만 복을 약속하신 것이라고 보아서는 안 됩니다. 알고 보면 모든 사람에게 복을 주시겠다고 약속하셨습니다. 그런데 그 약속을 받아들이는 사람이 극소수에 지나지 않는 것이 문제입니다. 아브라함의 시대에 하나님의 복의 약속을 받아들인 사람은 한 사람뿐이었습니다. 아마 다른 사람들은 들을 귀가 없었거나, 자기들의 현재의 삶에 만족한 나머지 그 복된 약속을 거절했을 것입니다. 그러나 불행한 삶을 살아가던 아브라함, 세상으로부터는 희망을 가질 수가 없었던 그 한 사람은 복을 주시겠다는 하나님의 약속을 받아들이고 그 말씀을 좇아서 순종한 것입니다.

현재 우리는 어떻습니까? 하나님은 우리를 복 있는 사람이 되게 하고자 우리를 부르셨습니다. 그러므로 복 있는 사람이 되느냐 안 되느냐는 우리 손에 달렸습니다. 우리가 하나님의 약속을 받아들이면 복 있는 사람이 되는 것이고, 하나님의 약속이 믿어지지 않아서 거절하면 복 없는 사람으로 살게 되는 것입니다. 우리에게 달렸습니다. 시편 1편으로 다시 돌아가서 복 있는 사람의 모습을 읽어봅니다. "복 있는 사람은 … 오직 여호와의 율법을 즐거워하여 그의 율법을 주야로 묵상하는도다"(시 1:1-2).

하나님의 말씀은 복의 세계로의 초청장입니다. 그것은 복음입니다. 이 복음을 들으면 복을 얻습니다. 세상이 주는 덧없는 복이 아니라 영원한 생명과 하나님의 나라에 들어가는 복을 얻습니다. 하나님의 말씀은 참으로 복된 말씀, 복음입니다. 그 복음을 듣지 않으면 복을 얻을 수 없습니다. 또이 복음을 듣고도 믿지 않으면 복을 받을 수 없습니다. 복 있는 사람은 하나님의 말씀, 곧 복음을 즐거워하는 사람입니다. 하나님의 말씀, 복음을 주야로 묵상하는 사람입니다. 복 있는 사람이 되는 길은 너무나 간결하고 분명하게 제시되었습니다. 선택은 우리의 몫입니다. 복음을 믿어서 복에 속한 사람이 될 것인가, 듣고도 외면함으로써 복을 잃어버릴 것인가?

셋

복의 근원根源

하나님이 아브라함에게 복을 주신 목적은 무엇입니까? 물론 하나님이 아브라함을 사랑하시고 그가 행복하게 살기를 원하셔서 그리하셨습니다. 그러나 그것뿐이었을까요? 아닙니다. 하나님께는 더 큰 계획이 있으셨습니다. 그것은 아브라함이 복의 근원(根源)이 되는 것입니다. 샘에서 생수가 끊임없이 흘러나오듯이 복의 근원에서는 복이 끊임없이 흘러나와 주위로 전해집니다. 복의 근원이 된다는 것은 복을 넘치게 받은 후 이제는 다른 사람들에게도 그것을 나누어주는 사람이 된다는 뜻입니다. 다른 이들에게 복을 베풀어주는 사람, 그가 복의 근원입니다.

하나님은 아브라함에게 말씀하셨습니다. "땅의 모든 족속이 너로 말미암아 복을 얻을 것이라." 하나님의 목적은 아브라함 한 사람에게만 있는 것이 아니었습니다. 하나님은 세상 만민을 염두에 두고 계셨습니다. 하나님은 아브라함 한 사람을 통하여 세상 만민에게 복을 주시고자 하셨습니다. 세상 만민에게 복을 주실 통로가 없었는데 하나님은 아브라함을 그 통로로 사용하고자 하신 것입니다.

이것은 영원한 하나님의 계획이요, 목적입니다. 장차 아브라함의 자손 가운데서 하나님의 백성이라 불릴 이스라엘이 나타나게 됩니다. 하나님은 이스라엘 백성들을 애굽의 노예생활에서 해방시키시고 그들에게 광야 훈련을 시키셔서 하나님의 백성답게 만들어가셨습니다. 하나님이 아브라함에게 하신 것처럼 이스라엘 백성을 선택하여 자기 백성으로 삼으시고 그들에게 특별한 복을 주셔서 그들을 지키시고 돌보시고 먹이시고 양육하셨습니다.

그 목적이 무엇이었습니까? 그들을 세상의 복의 근원이 되게 하시는 것이었습니다. 하나님은 이스라엘을 자기 백성으로 삼으신 것으로 끝이 아니었습니다. 그것은 하나님의 궁극적 목적이 아니었습니다. 하나님은 그들을 온 세계 모든 백성들의 제사장 나라로 삼으신 것입니다. "세계가 다 내게 속하였나니 너희가 내 말을 잘 듣고 내 언약을 지키면 너희는 모든 민족 중에서 내 소유가 되겠고 너희가 내게 대하여 제사장 나라가 되며 거룩한 백성이 되리라"(출 19:5-6).

제사장은 다른 사람들을 위해 존재합니다. 제사장은 다른 백성들도 제사장 자신처럼 하나님의 은혜의 대상이 되게 만드는 사람입니다. 제사장 한 사람 때문에 모든 백성들이 거룩한 하나님의 백성이 될 수 있는 것입니다. 그처럼 제사장 나라는 다른 온 세계를 위해 기도하고 하나님 앞에 나아가 그들과 하나님을 이어주는 나라입니다. 제사장 나라 한 나라 때문에 온 세계가 하나님의 복을 받는 하나님의 백성의 나라들이 될 수 있는 것입니다. 하나님은 이스라엘을 바로 그러한 제사장 나라로 삼기 위하여 그들을 선택하시고 부르시고 훈련하시고 세우신 것입니다.

하나님께서 우리들을 부르신 목적도 마찬가지입니다. 우리만 복 받고 행복하게 살라는 것이 아니라 우리 이웃들에게도 복을 나누어주기 위함입니다. 우리가 먼저 복을 한아름 받은 다음에 그것을 다른 사람에게도 베풀어주는 사람이 되라는 것입니다. 만약 우리가 나만 복 받고 나만 행복하게 살겠다고 생각한다면 우리에게 복 주시는 하나님을 슬프시게 할 것입니다. 우리는 함께 사는 다른 사람들을 생각해야 합니다. 이것이 우리를 향한 하나님의 뜻입니다. 남들이 어떻게 살고 있는가, 그들이 행복하게 살고 있는가를 살펴보아야 합니다.

"각각 자기 일을 돌볼뿐더러 또한 각각 다른 사람들의 일을 돌보아 나의 기쁨을 충만하게 하라"(빌 2:4)라고 하셨습니다. 다른 사람들의 일을 생각해 줄 때에 하나님도 기뻐하시는 것입니다. 내가 받은 복을 옆 사람도 받고 있는지 생각해야 됩니다. 그가 웃고 있는지 울고 있는지, 무슨 문제가 있는지 무슨 고민이 있는지 생각해 주어야 합니다. 관심을 기울여 주어야 합니다. 남이야 마음에 고통을 받든 슬픔을 당하든 아랑곳하지 않고, 내 기분 내키는 대로 내 멋대로만 생각하고 행동하는 사람은 하나님을 기쁘시게 할 수 없습니다. "즐거워하는 자들과 함께 즐거워하고 우는 자들과 함께 울라"(롬 12:15)라고 하셨습니다. 이것이 복의 근원으로서의 우리의 모습입니다.

넷

복음福音

하나님께서 아브라함에게 복음을 전해주셨습니다. "내가 너에게 복을 주어, 너로 하여금 복이 되게 하겠다." 이것이 아브라함에게 들려주신 복음입니다. 아브라함은 이 복음을 믿었습니다. 4절에 보면, "이에 아브람이 여호와의 말씀을 따라갔고"라고 적혀 있습니다. 여기서 아브라함이 여호와의 말씀을 따라갔다는 것을 눈여겨보아야 합니다. 말씀을 따라갔다는 것은 말씀을 믿고 순종했다는 뜻입니다.

말씀을 따라가는 것, 말씀을 순종하는 것, 말씀을 믿는 것, 이것이 바로 신앙생활입니다. 신앙은 하나님의 말씀을 믿는 것입니다. 복음을 믿는 것입니다. 아브라함은 복음을 듣고 그것을 믿음으로써 신앙생활을 출발하였습니다. 이것이 아브라함의 신앙여정의 시작이었습니다. 진정한 신앙은 이렇게 시작합니다. 복음을 듣고 그것을 믿음으로 시작합니다. 창세기는 12장에서 22장까지 아브라함의 여러 신앙여정을 보여줍니다. 그 중에서 첫 번째 여정이면서 첫 단계라고 할 수 있는 것이 바로 복음에 대한 태도입니다. 하나님의 말씀을 듣고 그 말씀을 따르는 것입니다. 복음을 듣고 믿는 것입니다.

우리 모든 사람들의 진정한 신앙의 여정은 복음을 듣고 믿음으로 시작합니다. 그런 의미에서 우리 그리스도인은 모두 신앙의 출발을 잘한 것입니다. 그러나 아직, 나는 복음을 듣고 믿는 결단을 분명히 하지 않았다는 생각이 든다면 다시 한 번 스스로에게 확인해야 할 것입니다. 내가 복음을 들었는가? 내가 들은 그 복음을 나는 믿었는가? 하고 스스로 질문하고 대답해 보아야 합니다.

인류의 위대한 스승인 칼뱅(J. Calvin)은 말씀이 가는 데까지 가고 말씀이 멈추면 멈춘다는 유명한 말을 했습니다. 아브라함이 바로 그렇게 한 것입니다. 우리는 성경을 통해 주시는 하나님의 생생한 말씀을 듣기에 힘써야 합니다. 그것이 바로 복음이기 때문입니다. 복음은 하나님의 말씀입니다. 하나님의 말씀은 모두 복음, 복된 소식입니다. 우리는 항상 성경을 통해 복음을 듣기에 힘써야 합니다.

여기서 잠시 신약성경 한 구절을 생각하고 싶습니다. 거기에는 성경이 가리키는 한 분이 있음을 보여줍니다. 그분은 바로 예수 그리스도이십니다. 예수님은 구약성경이 바로 당신에 대해서 기록된 말씀이라고 하셨습니다. "너희가 성경에서 영생을 얻는 줄 생각하고 성경을 연구하거니와 이 성경이 곧 내게 대하여 증언하는 것이니라"(요 5:39). 구약성경은 예수님에 대하여 증언한 것입니다. 그렇다면 신약성경은 어떠할까요? 더욱더 예수님에 대하여 증언하는 책입니다. 성경은 전부 예수 그리스도에 대하여 말씀합니다. 왜 그럴까요? 예수님이 바로 복음 그 자체이기 때문입니다.

그렇습니다. 예수님은 복음이고 말씀 그 자체이십니다. 요한복음 초두에 이것을 분명히 가르쳐주고 있습니다. "태초에 말씀이 계시니라 이 말씀이 하나님과 함께 계셨으니 이 말씀은 곧 하나님이시니라 그가 태초에 하나님과 함께 계셨고 만물이 그로 말미암아 지은 바 되었으니 지은 것이 하나도 그가 없이는 된 것이 없느니라"(요 1:1-3). 여기에 나오는 말씀은 누구입니까? 14절로 연결됩니다. "말씀이 육신이 되어 우리 가운데 거하시매 우리가 그의 영광을 보니 아버지의 독생자의 영광이요 은혜와 진리가 충만하더라." 말씀은 다름 아닌 사람이 되어 우리에게 오신 예수 그리스도이십니다. 그러므로 하나님의 말씀을 따라간다는 것은, 궁극적으로 말하면 하나님의 말씀 자체이시고 복음 자체이신 예수 그리스도를 따라간다는 말입니다. 예수 그리스도를 따른다는 것, 예수 그리스도를 믿는다는 것, 예수 그리스도의 제자가 되는 것이 바로 신앙입니다.

다섯

순종 順從

5절을 봅니다. "아브람이 그의 아내 사래와 조카 롯과 하란에서 모은 모든 소유와 얻은 사람들을 이끌고 가나안 땅으로 가려고 떠나서 마침내 가나안 땅에 들어갔더라"(창 12:5). 여기서 '떠나서 마침내 가나안 땅에 들어갔더라'라는 말씀을 눈여겨보십시오.

신앙의 출발은 한 번 작심한 것으로 되는 것은 아닙니다. 이 말씀은 아브라함의 아버지 데라와 비교됩니다. 데라도 신앙생활을 시작한다고 하였습니다. 그는 고향인 갈대아 우르를 떠나서 하란으로 왔습니다. 그러나 하나님께서 가나안으로 가라고 말씀하셨을 때 그는 더 이상 가지 않았습니다. 하란이 살기 좋았기 때문이었을 것입니다. 그는 신앙생활을 시작하였으나 첫 단계를 제대로 끝내지 못했습니다. 하란에 주저앉았기 때문입니다. 그래서 그는 믿는 자들의 조상이 되지 못했습니다. 오직 가나안까지 들어간 아브라함만이 신앙인의 조상이 된 것입니다.

신앙생활은 그저 한 번 마음을 먹는다고 되는 것은 아닙니다. 떠나서 마침내 1차 목적지에 들어가야만 첫 단계를 이수했다고 할 수 있습니다. 태권도 도장에 태권도를 배우러 간다고 칩시다. 아버지 데라와 함께 아브라함이 갈대아 우르를 떠난 것은 태권도 도장에 돈을 내고 등록한 것과 같습니다. 등록을 했으면 노란 띠를 받을 때까지 수련을 해야 합니다. 그런데 돈만 내고 만다든지, 한 일주일 해보고 힘들어서 안 하겠다고 하고 그만두면 첫 단계인 노란 띠를 받지 못합니다. 그런 사람은 아예 등록을 하지 않은 사람과 똑같은 것입니다.

아브라함이 마침내 가나안 땅에 들어갔다는 것은 첫 단계를 마쳤다는 뜻입니다. 첫 단계를 마치는 것은 작은 일이 아닙니다. 아버지 데라는 실패했습니다. 형제 나홀도 실패했습니다. 참된 믿음을 가지는 것은 그리 쉬운 일이 아닙니다. 우리는 큰 믿음, 깊은 믿음을 가지기 전에 참된 믿음을 가져야 합니다. 마침내 가나안 땅에 들어간 것과 같은 그런 믿음을 가져야 하는 것입니다.

신앙의 출발은 하나님의 부르심(소명)과 인간의 응답(순종)으로 이루어집니다. 아브라함은 하나님의 부르심에 응답하여 말씀을 따라감으로써 마침내 신앙이라는 긴 여행의 첫째 여정을 통과하게 되었습니다. 신앙이란 간단히 말하면 하나님께 순종하는 것이고, 하나님의 말씀에 순종하는 것입니다. 그런데 아브라함의 신앙의 마지막 여정을 미리 앞당겨 본다면 그것도 순종이라는 것을 발견할 수 있습니다.

신앙은 순종에서 출발하여 순종으로 완성됩니다. 출발과 마지막에 모두 순종이 배치됩니다. 그러나 시작한 순종과 마치는 순종은 그 내용이 전혀 다르다는 것을 주목해야 할 것입니다. 아브라함이 신앙을 시작할 때의 순종은 복을 받기 위해서였습니다. 그러나 신앙을 마칠 때 곧 완성할 때의 순종은 하나님 자신을 위함이었습니다. 우리는 앞으로 아브라함의 긴 신앙여정을 통해서 그 차이를 발견하게 될 것입니다.

여섯

구원의 경륜 救援經綸

오늘의 본문에서 우리는 하나님의 구원의 경륜을 알 수 있습니다. 하나님의 구원 역사는 한 사람, 한 가정으로부터 시작한다는 것입니다. 하나님은 천지를 창조하신 전능하신 분이지만 인류를 구원하시는 방법은 하나밖에 가지고 있지 않으셨습니다. 그것은 한 사람, 한 가정으로부터 시작하는 것입니다. 아브라함 한 사람, 아브라함과 사라의 한 가정에서 시작합니다.

세상 모든 사람들을 구원하기 위한 하나님의 경륜이 한 사람의 가정으로부터 시작되었다는 것을 깊이 생각해야 하겠습니다. 우리의 모든 일들이 이와 같기 때문입니다. 우리는 조급해서 단번에 많은 사람에게 영향을 주려는 생각을 많이 하지만 그것은 하나님의 방법이 아닙니다. 하나님은 한 번에 한 사람씩 차근차근 인격적으로 일하시는 분입니다. 하나님께는 많은 사람 이전에 한 사람이 중요합니다.

믿음으로 순종하는 한 사람만 있으면, 그 사람을 통해서 하나님은 온 세상을 구원하실 수 있다고 보십니다. 아브라함이 그 한 사람이고, 예수님이 또한 그 한 사람이셨습니다. 오늘 우리들이 우리의 시대에서 바로 그 한 사람이 되기를 하나님은 원하시고 기다리고 계십니다. 하나님은 우리가 처한 이 자리에서 복으로, 복의 근원으로 쓰임 받기를 원하시고 부르시고 계십니다. 예수님을 믿는 우리들이 이 시대 하나님의 구원의 역사에 참여하고 쓰임 받는 사람들이 다 되기를 원하시고 부르고 계신 것입니다.

위기 危機

창 12:5-20

아브라함은 하나님의 말씀을 따라 일흔 다섯 나이에 낯선 땅으로 이민을 떠났습니다. 아내와 조카 롯과 그동안 모은 재산과 하인들을 이끌고 떠나서 마침내 가나안 땅에 들어갔습니다. 성경은 가나안에서의 초기 생활의 특징을 '여호와께 제단을 쌓고 여호와의 이름을 부른' 것으로 묘사하고 있습니다(창 12:7-8). 이것은 예배의 행위입니다. 감사의 제단을 쌓고 하나님의 이름을 부르며 기도하였습니다. 새 땅에서 새 삶을 시작하면서 아브라함은 하나님께 예배드리고 하나님께 기도하며 사는, 좋은 신앙 출발을 보여주고 있습니다. 이것이 계속 그대로 이어졌으면 얼마나 좋겠습니까? 그러나 아브라함의 신앙의 여정은 그렇게 되지 않았음을 보여줍니다. 신앙생활의 위기를 맞이하게 된 것입니다. 갑자기 모든 것이 망가질 정도의 큰 위기가 발생했습니다. 이것은 다분히 아브라함의 잘못에 기인한 것입니다. 이 위기를 상세히 살펴봅시다.

하나

기근饑饉

그 땅에 기근이 생겼습니다. 기근이란 굶주림을 말합니다. 많은 사람들이
먹을 것이 없어 굶주리며 고통 받는 상황이 기근입니다. 그 기근은 보통
기근이 아니라 '심한' 기근이었습니다. 아브라함은 가나안 땅에서 도저히
견딜 수 없게 되어 애굽에 거류할 생각을 하고 그리로 내려갔습니다.

이것을 통해서 우리는 신앙생활을 한다고 해서 모든 일이 형통하게 잘되
는 것만은 아님을 알게 됩니다. 많은 사람들이 이 점에 있어서 오해하고
있습니다. 예수 믿으면 만사형통한다, 예수 믿으면 병도 낫고, 사업도 성
공하고, 자녀도 좋은 대학에 척척 붙고, 좋은 사람 만나 결혼도 잘하게 된

다, 등등의 생각을 합니다. 그렇게 가르치는 목회자도 적지 않습니다. 그러나 신앙생활을 잘한다고 해서 세상 일이 형통하게만 되는 것은 아님을 성경은 잘 가르쳐주고 있습니다.

물론 하나님과 올바른 관계를 가지게 되면, 즉 올바른 신앙을 가지고 살면 대개 어느 정도는 형통한 삶을 살 수 있을 것입니다. 하나님은 세상의 주님이시기 때문입니다. 그러나 좋은 신자라도 세상적인 관점에서는 불행한 삶을 살 수도 있습니다. 예수님의 일생이 그것을 잘 보여주지 않습니까? 예수님의 일생은 세상적 관점에서는 불행하고 실패한 인생이었습니다. 수많은 군중들의 환호도 받고 많은 제자도 있었으므로 한때 대단히 성공적인 삶을 사셨다고 할 수는 있습니다. 그러나 결국은 대부분의 사람들과 가까운 제자들로부터 버림을 받고 십자가의 고통스럽고 수치스러운 형벌을 받아 죽고 말았으니 말할 수 없이 비극적인 인생이었다고 보아야 하겠습니다. 예수께서 부활하지 않으셨다면, 십자가의 죽으심으로 끝났다면, 예수님의 일생은 한편의 비극이었음이 틀림없습니다.

그러므로 신앙과 세상적인 복에 관해서 우리는 이렇게 말할 수 있습니다. "믿음으로 사는 사람이 세상적으로도 성공적인 삶을 살게 될 가능성이 많다. 그러나 그렇지 않을 수도 있다. 참된 신자는 세상적인 성공에 가치를 두지 않는다. 그것이 결코 중요한 것이 아님을 잘 알기 때문이다."라고 말입니다. 그리스도인은 세상 사람들과는 다른 가치관을 가지고 사는 사람입니다. 세상 사람들이 귀하게 여기는 것이 전혀 중요한 것이 아님을 아는 것, 그것이 우리를 참으로 자유롭게 하고 행복하게 만듭니다.

아브라함이 신앙 출발을 잘하였지만, 얼마 지나지 않아 큰 기근을 당한 것은 자기 잘못이 아니었습니다. 자기 잘못이 아닌 것 때문에 고통을 당하는 경우도 많습니다. 천재지변이 그 경우이고, 나쁜 정치 지도자 때문에 당하게 되는 고통도 그런 경우에 속합니다. 그러나 그 모든 것도 하나님 편에서 해석하면 다 의미가 있습니다. 신앙생활을 갓 시작한 아브라함에게 닥친 기근도 하나님 편에서 생각해보면 그를 향한 하나님의 섭리였음을 발견할 수 있습니다.

기근은 질병과 함께 인간의 삶에 있어서 원초적인 고통입니다. 질병이 문제가 되는 것도 대개는 기근 때문입니다. 돈이 있고 잘 먹고 따뜻하게 입고 깨끗한 집에서 잠자면 질병도 잘 안 생길뿐더러, 병이 생겨도 좋은 의료 환경에서 치료를 받으므로 쉽게 고칠 수 있습니다. 그러나 돈이 없으면 질병이 있어도 그냥 참고 살아가야 하는 것입니다. 그러므로 인생에 있어서 가장 원초적인 고통이 있다면 그것은 바로 기근일 것입니다.

하나님은 원래 인간이 먹고 사는 것이 문제가 안 되도록 조치를 해놓으셨습니다. 에덴동산에 보기에 아름답고 먹기에 좋은 각종 나무가 나게 하셨습니다. 인간은 그저 손으로 따먹으면 되게 되어 있었습니다. 그러나 인간이 죄를 짓고 에덴에서 쫓겨남으로 말미암아 기근의 고통을 겪게 되었습니다. 하나님은 아담에게 말씀하셨습니다. "땅은 너로 말미암아 저주를 받고 너는 네 평생에 수고하여야 그 소산을 먹으리라 … 네가 흙으로 돌아갈 때까지 얼굴에 땀을 흘려야 먹을 것을 먹으리니"(창 3:17-19).

이때부터 인간은 기근과의 전쟁을 치르게 되었습니다. 인류의 역사는 이 전쟁에서 결코 완전히 이기지 못했음을 보여주고 있습니다. 기근은 인간의 인간다움을 박탈하는 냉엄한 폭력이라고 할 수 있습니다. 사흘 굶고 도둑질 안 하는 사람이 없다는 속담이 있듯이, 일단 기근을 면해야 도덕과 윤리가 있고 고상한 학문과 예술도 있는 것입니다. 그러므로 정부가 해야 할 첫째 일은 외적으로부터 국민의 생명과 재산을 지키는 일이며, 다음으로는 기근으로부터 구제하여 인간다운 삶을 살 수 있는 터전을 마련해 주는 것입니다. 이것이 국리민복이니, 국민행복이니, 창조경제니 하는 거창한 표어로 나타나는 것입니다.

둘

실패 失敗

아브라함이 살던 가나안 땅에 기근이 들었고, 그 기근이 심하였다고 한 것을 보아서 아마 큰 가뭄이 들어 농사가 거의 안 되었던 것 같습니다. 아브라함은 기근을 피해서 먹고 살기 위하여 애굽 땅으로 내려갔습니다. 그런데 애굽으로 내려가는 길에 한 가지 큰 걱정이 생겼습니다. 그것은 자기의 아내 사라의 미모 때문이었습니다. 남자들은 권력을 쥐고 돈을 벌게 되면 다음에는 아름다운 여인을 소유하고자 하는 욕망에 빠지곤 합니다. 그래서 아름다운 아내를 둔 힘없는 남편은 불안을 느끼기 쉬운데, 아브라함이 바로 그런 상황에 빠졌습니다.

그가 생각하기에 자기 아내는 너무 아리따운 여인이었습니다. 힘을 가진 남자들이 탐을 낼 만하다고 본 것입니다. 그래서 아브라함은 고민 끝에 그 아내에게 말했습니다. "애굽 사람이 그대를 볼 때에 이르기를 이는 그의 아내라 하여, 나는 죽이고 그대는 살릴 것이다." 남편인 자기를 죽이고 과부가 된 그의 아내를 애굽 사람이 취하게 될 것이라고 염려했습니다. 그래서 아브라함 부부는 작전을 하나 짰습니다. "지금부터 당신은 내 아내라 하지 말고 나의 누이 동생이라 해라. 그러면 우리가 무사할 것이다" (창 12:13).

아브라함이 애굽에 이르자 과연 그의 예상대로 애굽 사람들이 심히 아리따운 사라를 보고 감탄해 마지않았습니다. 바로의 고관들도 사라를 보고는 바로 앞에서 칭찬하였습니다. 바로의 고관들은 이참에 사라를 바로 앞에 천거함으로써 바로로부터 점수를 따려고 하였습니다. 마침내 그들은 사라를 바로의 궁으로 이끌어 들였습니다. 바로가 사라를 보고는 마음이 흡족해졌습니다. 바로는 사라를 자기의 후궁으로 삼고자 하였습니다. 바로는 사라의 오빠라는 아브라함을 불러서 후하게 대접하였습니다. 아브라함에게 양도 주고 소도 주고 노비들과 암수 나귀와 낙타까지 주었습니다. 갑자기 아브라함은 큰 부자가 되었습니다.

그러나 아브라함은 크게 당혹하여 어쩔 줄 몰랐습니다. 일이 이렇게까지 되리라고는 예상하지 못했던 것입니다. 아내의 미모를 이용해서 기근을 면하는 데 도움을 받을까 하는 생각은 하였겠지만, 그녀를 바로의 후궁으로 빼앗기게 될 줄은 꿈에도 생각하지 못했던 것입니다. 그는 크게 낭패

감을 느끼고 한탄하였지만 상대가 애굽의 권력자들이라 어떻게 해야 할지 알 수가 없어 아마 하나님께 회개하며 기도하였을 것입니다. 기근을 면하려고 하다가 아내까지 빼앗기는 낭패를 당했으니 식음을 전폐하고 새벽에도 기도하고 밤에도 기도하고 주야로 간절한 마음으로 기도했을 것입니다. 아내 없이 많은 재물을 얻은들 그게 무슨 의미가 있겠습니까? 아내와 재물을 맞바꾼 격이 되었으니 참으로 황망하기 짝이 없는 일이었던 것입니다.

아브라함이 아내를 바로의 궁으로 보낸 다음 속수무책이 되어 주야로 전전긍긍하며 괴로워하고 있을 때 하나님이 그의 일에 개입해 주셨습니다. 하나님은 아브라함에게 약속하신 대로 행하신 것입니다. "내가 너로 큰 민족을 이루고 네게 복을 주어 네 이름을 창대하게 하겠다."라고 약속하셨는데, 이것은 아브라함 개인에게만 주신 약속이 아닙니다. 아브라함과 사라의 가정에 주신 약속입니다. 이 약속에 의하면 아브라함에게 자녀를 주실 것인데, 그 자녀는 아브라함과 사라 사이에 태어날 자식입니다. 나중에 아브라함과 하갈 사이에 이스마엘이 태어났지만 하나님은 그를 약속의 자녀로 보지 않으셨습니다. 아브라함과 사라 사이에 태어나는 자만을 약속의 자녀라고 하신 것입니다.

그러니까 사라를 바로의 후궁으로 빼앗기고 나면 하나님의 약속이 이루어질 수 없게 됩니다. 그 약속이 이루어지려면 사라가 바로의 궁에서 나와야 하며, 아브라함과 사라의 관계가 회복되어야만 합니다. 그런데 사라가 막강한 권력의 소유자인 바로의 수중에 들어갔으니 아브라함이 어떻게 할 수 있겠습니까? 바로 이런 상황에서 하나님이 행동하셨습니다.

하나님은 약속을 이루시기 위하여 바로의 궁으로 찾아가셨습니다. 하나님은 사라의 연고로 바로와 그 집에 큰 재앙을 내리셨습니다(창 12:17). 그 재앙이 구체적으로 무엇인지 알려지지 않았지만, 바로가 혼비백산하는 일이 발생한 것임에 틀림없습니다. 하나님이 바로의 집에 엄청난 재앙을 내리신 다음, 영문을 몰라 하는 바로에게 꿈에 나타나셔서 아마 이렇게 말씀하신 것이 아닐까 싶습니다. "이 모든 원인은 네가 취한 그 여인 때문이다. 그녀는 처녀가 아니라 남의 아내, 곧 아브라함의 아내니라."라고 말입니다. 바로는 놀란 나머지 다음날 급히 아브라함을 불렀고, 크게 책망하며 분풀이를 했습니다. "네가 어찌하여 나에게 이렇게 행하였느냐 네가 어찌하여 그를 네 아내라고 내게 말하지 아니하였느냐 네가 어찌 그를 누이라 하여 내가 그를 데려다가 아내를 삼게 하였느냐 네 아내가 여기 있으니 이제 데려가라"(창 12:18-19).

이렇게 한 후 바로는 신하들에게 명령하여 아브라함과 그 아내 사라와 그동안 애굽에서 얻었던 모든 소유를 보내어 가지고 가게 하였습니다. 결과적으로는 모든 일이 잘 해결되었습니다. 아브라함은 아내도 다시 찾았고, 애굽으로 내려올 때 목적했던 재물도 충분히 얻어서 기근을 면하였을 뿐만 아니라 거부가 되어 가나안으로 돌아갈 수 있게 되었습니다.

셋

불신不信

이 사건은 아브라함이 신앙의 여정을 잘 출발하였지만 앞으로 극복해야
할 문제들, 싸워서 승리해야 할 많은 과제들이 있음을 암시하고 있습니
다. 그리고 이것은 하나님을 믿는 사람들이 맨 처음 극복해야 할 문제가
무엇인가 하는 것을 가르쳐 줍니다.

아브라함이 하나님의 말씀을 한 번 믿고 받아들이면 그것으로 바로 모든
문제가 해결되어, 말하자면 천국으로 바로 직행하는 것은 아니었습니다.
그는 하나님의 약속을 믿고 받아들임으로써 사실상 신앙생활의 초보를
시작한 것입니다. 첫걸음을 내디딘 것입니다. 앞으로 많은 훈련과정을 거

침으로써 그는 모범적인 신앙인으로 성숙하게 될 것입니다. 하나님의 택한 백성으로서 살아가는 신앙의 여정에 있어서 그가 제일 먼저 극복해야 할 것은 기근으로 상징되는 물질 문제였습니다. 오늘의 이야기는 그가 물질 문제에서 믿음으로 승리하지 못했다는 것을 보여줍니다. 신앙으로 출발하여 갈대아 우르에서 하란을 거쳐 가나안까지는 잘 왔지만 거기서 물질 문제의 시험을 만나 실패하고 만 것입니다.

그가 실패했다고 말하는 이유는 두 가지입니다. 하나는 그가 하나님을 온전히 신뢰하지 않았다는 것입니다. 가나안에 기근이 들어서 애굽으로 내려간 것이 잘못이었다고 할 수는 없습니다. 애굽으로 내려가는 자체가 잘못은 아닙니다. 그의 잘못은 애굽에서 인간의 꾀를 사용했다는 것입니다. 그는 자기 아내의 아리따움을 이용해서 애굽 사람들로부터 환대받고자 하였습니다. 그 결과 자기 아내를 위험한 지경에 빠뜨렸고, 그 몸값으로 많은 재물을 취득했습니다. 무슨 말입니까? 그가 결코 하나님의 사람답게 행동하지 못했다는 것입니다.

두 번째 이유는 사람들을 두려워한 것입니다. 그는 자기 아내 때문에 애굽 사람들이 자기를 죽일까봐 두려워하였습니다. 이것은 하나님의 약속의 말씀을 제대로 믿지 못한 증거입니다. 하나님은 "너로 하여금 큰 민족을 이루게 하겠다."라고 말씀하셨습니다. 그 말씀을 믿는다면 그가 아직 자식도 없는 상태에서 죽을 리는 없었습니다. 어떤 위험이 생겨도 하나님이 그를 지켜주실 것이기 때문입니다. 더구나 하나님은 분명히 말씀하시기를, "너를 축복하는 자에게는 내가 복을 내리고 너를 저주하는 자에게는 내가

저주하리라."라고 하심으로써 전능하신 하나님께서 그의 편이 되어주시
겠다고 약속하셨습니다. 이것을 참으로 믿었다면 애굽 사람들을 두려워하
여 아내를 누이라고 속이는 비겁한 행동은 하지 않았을 것입니다.

기근의 상황을 만나자 그의 내면에 있던 문제가 여지없이 드러난 것입니
다. 그는 이 문제를 잘 해결하지 못했고, 그래서 하나님은 그의 믿음의 연
단을 위해 또 다른 기회를 기다리셔야 했습니다. 우리가 성경을 좀 더 읽
어보면 알겠지만, 잠시 후 아브라함은 물질 문제에서 승리하게 됩니다. 하
나님은 그렇게 그를 한 걸음 한 걸음, 믿음 안에서 성장하게 하셨습니다.

하나님은 우리에게도 마찬가지로 행동하십니다. 우리의 삶을 인도해 가
실 때 하나님은 분명한 목표를 가지고 계십니다. 우리가 깨어서 하나님의
그 목표를 잘 알고 부응해야만 신앙의 여정에서 진도가 잘 나갈 수 있습
니다. 그렇지 않으면 다람쥐 쳇바퀴 돌듯이 항상 그 자리에 있게 될 것입
니다.

넷

재물 財物

신앙생활의 초기에 우리가 제일 먼저 부딪히는 것은 대부분 물질 문제입니다. 성경은 물질 문제가 신앙생활에 있어서 가장 처음 만나는 어려운 시험이라는 것을 수없이 가르치고 있습니다. 아브라함의 경우도 마찬가지입니다. 그는 첫 번째 시험에서 실패했습니다. 그러나 두 번째부터는 승리하는 모습을 보여줍니다. 그는 아마 애굽에서의 실패 원인을 철저히 반성했을 것입니다. 이후에 다시는 물질로 인하여 넘어지지 않게 되었기 때문입니다. 이것을 우리는 다음 여정에서 확인하게 될 것입니다.

차제에 우리도 그동안 물질 문제에서 믿음으로 온전하게 임하지 못한 적이 얼마나 많은가를 생각해 보아야 합니다. 물질 곧 돈 때문에 신앙 양심에 떳떳하게 행하지 못했다면 그것은 실패한 것입니다. 그랬다면 설령 돈은 좀 벌었을지 모르지만 하나님을 향해서는 제대로 나아가지 못한 것입니다. 돈을 더 벌기 위하여 주일 예배를 드리지 못했다면 물질 문제에 실패한 것입니다. 돈이 아까워서 하나님께 온전하게 드리지 못하고 있다면 아직 믿음의 초보 단계를 벗어나지 못하고 있는 것입니다. 신앙생활을 오래 했다는 것은 별로 자랑거리가 아닙니다. 사람들의 인정을 받아서 장로가 되고 목사가 되었다 하더라도 그것은 자랑거리가 못됩니다. 얼마나 하나님께로 가까이 나아갔느냐를 물어야 하는 것입니다.

물질 문제에서 완전히 승리하기는 결코 쉬운 일이 아닙니다. 예수님도 그것을 잘 알고 미리 가르쳐 주셨습니다. "한 사람이 두 주인을 섬기지 못할 것이니 혹 이를 미워하고 저를 사랑하거나 혹 이를 중히 여기고 저를 경히 여김이라 너희가 하나님과 재물을 겸하여 섬기지 못하느니라"(마 6:24). 예수님은 재물이 우리의 신앙생활에 얼마나 큰 장애가 될지를 이미 잘 아시고 가르쳐주신 것입니다. 재물이 감히 하나님과 경쟁관계에 있을 정도로 우리에게 큰 시험거리가 될 수 있음을 일찍이 말씀하신 것입니다. 그러므로 우리는 물질 문제를 결코 만만하게 여기지 말고 정신을 차려서 이겨 나가야 합니다. 여기서 승리해야만 다음 단계로 나아갈 수 있기 때문입니다.

주님은 우리들이 믿음에 있어서 도약하기를 원하십니다. 우리가 손해 보기를 각오하고 주님의 뜻에 복종하면 주님의 은혜를 경험하게 될 것입니다. 주님이 예비하신 복이 얼마나 크고 놀라운 것인가를 알게 될 것입니다. 우리는 마치 성장이 멈춘 어린아이처럼 그 자리를 맴도는 신앙생활을 벗어나야 합니다. 믿음의 결단을 하고 한 걸음 내딛는 용기를 가져야 합니다. 그리함으로써 우리의 신앙이 살아 있는 신앙이 되어야 합니다. 그저 형식적으로 예배만 드리는 것이 아니라 살아서 지금도 우리 가운데 활동하시는 주님과 생생하게 교제하는 역동적인 신앙생활이 되어야 합니다.

이별離別

창 13:1-18

창세기 13장의 핵심 사건은 롯과 이별하는 것입니다. 아브라함에게 있어서 롯이 어떤 의미였는지 생각해야 합니다. 롯은 단순한 조카 이상이었습니다. 상속자가 없는 그에게 롯은 아들과 같았습니다. 여차하면 하나님이 약속하신 아들의 대타가 될 수도 있었습니다. 이것은 하나님 보시기에 못마땅한 현상이 아닐 수 없었습니다. 하나님은 아브라함에게 고향과 친척과 아버지의 집을 떠나라고 하셨는데, 그는 아직 아주 가까운 친척을 데리고 다녔던 것입니다. 이것은 하나님의 약속과 충돌하는 문제였기 때문에 하나님은 그냥 넘어가실 수 없었습니다. 하나님은 아브라함이 스스로 해결하지 못하는 문제를 환경을 통해 정리해 주고 계십니다. 이번 장은 그런 맥락에서 의미심장한 대목이라 할 수 있습니다.

하나

회복恢復

심한 기근을 만나 애굽에 내려갈 때 아브라함은 잠시만 애굽의 물질적 풍요에 의지하고자 생각했을 것입니다. 거기서 예상치 못했던 우여곡절을 겪으면서 재물을 잔뜩 획득하여 출애굽 하였지만, 마음은 결코 행복하지 않았을 것입니다. 믿음에 있어서 실패했다는 뼈아픈 반성이 그의 가슴을 사로잡고 있었을 것이기 때문입니다. 그에게는 무엇보다도 신앙의 회복이 필요했습니다. 그런 그의 모습이 13장 앞부분에 잘 나타나 있습니다.

애굽에서 나온 아브라함은 가나안에 와서 처음으로 단을 쌓은 곳을 찾아갑니다(창 1:3-4). 거기서 그는 여호와의 이름을 부르며 감사의 제단을 쌓고 기도합니다. 이는 신앙에 있어서 첫사랑의 회복을 의미합니다. 아브라함은 애굽 행에서 잠시 잃어버린 자신의 신앙적 정체성을 다시 찾고자 노력하였습니다. 그것이 '처음으로 단을 쌓은 곳'을 찾아가게 만들었습니다. 그는 원점으로 다시 돌아가서 새 출발하고자 했던 것입니다.

우리의 삶에도 이런 행동이 필요합니다. 실패했을 때는 처음으로, 곧 믿음과 소망이 충만했을 그때로 돌아가서 다시 시작하는 것이 필요합니다. 라틴어로 아드 폰테스(ad fontes)라는 말이 있습니다. '근원으로' 돌아가자는 뜻입니다.

에베소 교회를 향하여 예수 그리스도께서 말씀하셨습니다. "그러므로 어디서 떨어졌는지를 생각하고 회개하여 처음 행위를 가지라"(계 2:5).

때때로 우리의 영적 삶이 뭔가 잘못되어 있다는 생각이 들면 옛날 하나님을 만났던 장소를 찾아가는 것이 좋습니다. 하나님을 만났던 자기만의 장소가 있다면 그것을 소중하게 기억해야 합니다. 자기의 신앙생활에 있어서 어떤 전기를 이루었던 곳, 하나님을 처음 만난 장소, 혹은 어떤 특별한 영적 경험을 한 바 있는 기도의 처소 같은 곳을 소중히 여겨야 합니다. 그리하여 문제가 생겼을 때, 혹은 자신의 삶을 반성할 필요를 느낄 때는 그 장소를 찾아가서 새롭게 출발하는 것이 필요합니다.

아브라함은 애굽에서 실패하고 돌아온 후 곧바로 벧엘과 아이 사이, 전에 장막 쳤던 곳, 곧 그가 처음으로 하나님께 제단을 쌓은 곳에 이르러 거기서 하나님께 예배드리며 기도하였습니다. 비록 애굽 행에서 실패했지만 원점으로 돌아와 다시 시작했다는 것이 아브라함의 훌륭한 점입니다.

둘

분가 分家

아브라함과 롯 사이에 작지 않은 문제가 하나 발생했습니다. 두 사람의 소유가 많아져서 동거할 수 없게 된 것입니다. 아마도 애굽에서 바로로부터 매우 많은 선물을 받았기 때문일 것입니다. 그들이 살고 있던 땅이 좁아서 이제는 두 가족이 함께 살 수 없게 되었습니다. 좁은 공간에 많은 사람들이 함께 살게 되자 여기저기서 충돌이 발생한 것입니다. 그중에서 특히 아브라함의 가축의 목자와 롯의 가축의 목자가 서로 다투는 일이 발생했습니다. 전에는 한 식구였는데, 삼촌과 조카가 서로 재물이 늘어나자 이제 서서히 남이 되기 시작한 것입니다.

이것을 통해 우리는 재물이 많은 것이 반드시 좋은 것만은 아님을 알 수 있습니다. 가난할 때 오순도순 잘 지내던 형제들이 재산이 많아지자 서로 원수가 되고 마는 것을 우리는 매우 자주 듣고 보고 있습니다. "마른 떡 한 조각만 있고도 화목하는 것이 제육이 집에 가득하고도 다투는 것보다 나으니라"(잠 17:1)라고 잠언에 기록되어 있습니다. 성경은 재물 자체는 그렇게 중요한 것이 아니라는 것을 누누이 강조하고 있습니다. 그러나 사람들은 이런 가르침을 능동적으로 자기의 삶에 적용하려는 생각은 거의 하지 않습니다. 그러다가 불행한 일이 발생했을 때에야, 아, 성경에 이런 가르침도 있지, 하는 식으로 생각해 내는 것입니다. 그런데 아브라함은 상당히 능동적으로 이 문제에 대처했습니다.

그는 가만히 생각하다가 드디어 결단을 내렸습니다. 롯을 불러 이렇게 말합니다. "우리는 한 골육이다. 나나 너나 내 목자나 네 목자나 서로 다투게 하지 말자. 이제 아쉽기는 하지만 헤어져서 살자. 네가 좌측을 택하면 나는 우측을 택하고 네가 우측을 택하면 내가 좌측을 택하겠다." 이 말은 조카인 롯에게 좋은 땅을 선택해 갈 수 있는 우선권을 주겠다는 뜻입니다. 물론 이것은 땅을 소유할 권리를 가리키지 않습니다. 아직 그런 개념이 발달되지 않았거나, 혹 소유권자가 있다면 그것은 이미 그곳에 살고 있는 가나안 여러 족속들이라 볼 수 있습니다. 아브라함과 롯 사이에 이야기되고 있는 것은 땅에 대한 사용권이라 말할 수 있습니다.

아무튼 아브라함이 롯에게 땅에 대한 선택권을 주었다는 것은 물질적인 손해를 보기로 결심했다는 말이므로 이것은 대단한 결심이 아닐 수 없습니다. 사실상 좋은 땅을 롯에게 양보한 것이기 때문입니다. 아브라함이 왜 이렇게 했을까요? 그것은 그의 가치관에서 찾아야 하겠습니다. 그는 재물보다는 롯과의 인간관계가 더 소중하다고 판단한 것입니다. "내가 삼촌이니 좋은 땅을 차지할 권리가 있다."라고 말함으로 조카를 섭섭하게 하기를 원하지 않았습니다. 물질적으로 손해를 보더라도 조카와 좋은 관계성을 유지하고 싶었던 것입니다.

형제지간에, 심지어는 부모 자식 간에도 물질 때문에 의가 상하고 고통 받는 사람들이 얼마나 많은지 모릅니다. 만일 재물은 얻는다 하더라도 사람을 잃는다면 그 재물이 무슨 가치가 있겠습니까? 아브라함이 바로 그런 생각을 했던 것입니다. "우리는 한 골육이 아니냐?"라고 말한 것입니다.

셋

잘못된 선택選擇

그러면 롯은 어떻게 했습니까? 삼촌의 제안을 받은 롯은 내심 매우 다행이라는 생각을 하지 않았나 싶습니다. 한두 번 사양하는 모습을 보였겠지만 젊은 롯은 마침내 더 좋은 땅을 골라서 떠났습니다. 롯은 눈을 들어 요단 들을 바라보았는데, 그곳은 물이 넉넉하여 여호와의 동산 곧 에덴동산과도 같고 기름진 애굽 땅과도 같았습니다. 그리하여 그는 그곳 곧 요단의 온 들을 택하여 떠나갔습니다. 그는 물질적으로 더 좋은 땅을 선택한 것입니다. 물질적으로 이득을 챙겼습니다. 그러나 그것이 잘한 일일까요?

롯이 선택한 땅은 당시 사람들에게 인기 있는 곳이었지만 영적으로는 좋지 못한 곳이었습니다. 그곳은 소돔 땅과 가까운 곳인데, 소돔 사람은 악하여 여호와 앞에 큰 죄인이었다고 기록되어 있습니다. 롯은 소돔 사람들의 죄악성을 염두에 두지 않았던 것입니다. 좋은 땅이 있고 나쁜 땅이 있습니다. 그러나 그것은 어디까지나 상대적입니다. 어떤 땅은 돈은 될지 모르나 인간성을 메마르게 하는 곳일 수 있습니다. 어떤 땅은 돈과는 상관이 없으나 주민을 건강하게 만들어주는 곳일 수 있습니다.

가장 중요한 것은 땅 자체보다도 그 땅에 사는 사람들입니다. 좋은 사람들이 사는 곳이 좋은 땅입니다. 아무리 산수가 수려해도 악인들이 살고 있으면 그곳은 아주 나쁜 땅이라 해야 할 것입니다. 롯은 소돔 사람들이 얼마나 악한지 생각하지 않았는데, 그것은 그가 영적으로 문제가 있기 때문이라 할 수밖에 없습니다.

그가 택한 땅은 경제적으로는 좋은 땅이었을지 모르나 윤리적으로, 문화적으로, 정확히 말해서 영적으로는 매우 나쁜 땅이었습니다. 소돔은 그 당시 매우 퇴폐한 도시였습니다. 도시문화라는 것은 일반적으로 인간 중심의 문화이고, 인간의 쾌락과 편리를 추구하는 문화입니다. 소돔은 하나님 없이 사는 인간 사회의 대표적인 도시로 윤리적으로 극도로 타락한 도시였습니다. 그런데도 롯은 소돔이 살기 좋다고 생각하고 그곳을 택하였습니다. 소돔으로 점점 더 가까이 이동하여 드디어는 아예 소돔 한복판까지 들어가서 살게 되었습니다. 나중에 우리는 롯의 비극을 관찰하게 되겠지만 그의 비극은 바로 여기서부터 잉태되었던 것입니다.

사람은 상당 부분 환경의 소산입니다. 그가 어떤 곳에서 사는가가 그 사람의 운명에 엄청난 영향을 끼칩니다. 하나님이 아브라함으로 하여금 고향, 친척, 아버지의 집을 떠나게 하신 것은 환경이 중요하기 때문이었습니다. 우상숭배하는 땅에 살면서 하나님을 올바로 신앙한다는 것은 불가능에 가까운 일입니다. 롯은 아브라함과 함께 고향과 친척을 떠나오기는 했지만, 왜 그렇게 떠나야 했는지 그 의미를 생각하지 않았거나 잊어버린 것이 분명합니다.

소돔을 향하는 발걸음은 고향인 갈대아 우르를 떠나 나오는 것과 정반대의 의미를 가지고 있습니다. 갈대아 우르를 떠나 나오는 것은 영적으로 매우 나쁜 환경으로부터 탈출하여 영적으로 새 출발하는 의미가 있는데 비해, 소돔을 향해 간다는 것은 영적으로 매우 나쁜 환경 속으로 되돌아가는 것이기 때문입니다. 롯은 신앙생활에서 거꾸로 가는 여정을 선택한 것입니다.

넷

사람과 재물財物

아브라함의 입장으로 돌아와 봅니다. 그인들 좋은 땅에 대한 소원이 없었겠습니까? 자기가 삼촌이니까 조카인 롯이 양보하는 것이 마땅하다는 생각을 왜 전혀 하지 않았겠습니까? 사실 아브라함이나 롯이나 지금 재산이 많아진 이유는 근본적으로 아브라함의 아내 사라 때문이었습니다. 사라 때문에 애굽의 바로로부터 엄청난 물질적 혜택을 입었던 것입니다. 그런 것을 생각하면 아브라함은 당연히 자기가 롯보다 더 좋은 땅을 선택할 권리가 있다고 주장할 만하였습니다.

그러나 그는 여기서 승리했습니다. 재물보다는 사람이 더 중요하다는 것을 알고 실천하였기 때문입니다. 그는 지리적으로 좋은 땅을 얻는 것보다는 롯의 마음을 얻는 것이 더 중요하다고 판단하였습니다. 비록 경제적으로 손해가 되더라도 사람을 얻는 길이라면 그것을 취하겠다는 것이 아브라함의 생각이었고 그렇게 함으로써 그는 물질 문제에서 처음으로 승리한 것입니다.

롯은 사람보다 재물을 취한 사람입니다. 그라고 해서 삼촌에게 양보하고 싶은 생각이 전혀 없었겠습니까? 있었을 것입니다. 아무리 생각해도 도의적으로 삼촌에게 양보하는 것이 맞다는 생각은 들었을 것입니다. 그러나 당장 경제적 손실을 당하는 것이 너무 크게 여겨졌을 것입니다. 그래서 이번 한 번만은 죄송하지만 내가 좀 이익을 얻어야 하겠다고 생각했을 것입니다. 그리하여 삼촌의 제의를 못 이기는 척하고 받아들여 좋은 땅을 선택하고 떠났습니다.

그러나 그러한 선택은 신앙적인 것이 아니었습니다. 하나님은 그의 편을 들어주지 않으셨습니다. 사람보다 재물을 택한 그는 결국 하나님의 버림을 받고 말았습니다. 나중에 그는 소돔과 고모라에 임한 심판 때에 그동안 모아놓은 모든 재물을 다 잃어버리게 됩니다. 거기다가 사랑하는 아내까지도 잃어버리는 매우 불행한 사람이 되고 맙니다.

하나님이 귀중하게 여기시는 것은 사람입니다. 한 사람의 생명은 온 우주보다 더 귀중합니다. 하나님은 우리도 하나님과 같은 생각을 가지기를 원하십니다. 우리도 재물보다 사람을 더 소중히 여기는 사람이 되기를 원하십니다.

재물보다 사람이라는 이 진리는 모든 경제 행위의 원칙이 되어야 합니다. 사람들이 하는 모든 경제적 행위는 일차적으로 그 목표가 돈입니다. 돈을 벌기 위해 일합니다. 돈을 더 벌고, 더 많이 버는 그런 방향으로 모든 일을 하게 됩니다. 그런데 이런 경제행위에서 우리가 잃지 말아야 하는 원칙은 사람이 돈보다 우선이라는 것입니다. 돈 얼마를 위해서 사람의 마음을 상하게 하는 것은 어리석은 일입니다. 차라리 돈을 잃더라도 사람을 잃어서는 안 되는 것입니다.

조선시대 거상이었던 임상옥이 한 말에 이런 것이 있습니다. '장사란 사람을 얻는 것이다. 돈이 아니라 사람을 얻는 것이 장사다.' 당시의 수많은 상인들과 임상옥의 차이는 단 하나 여기에 있었습니다. 다른 상인들은 장사의 목적을 이윤을 많이 남기는 것, 돈을 많이 버는 것이라 생각했습니다. 그러나 임상옥은 사람을 얻는 것이 장사라고 여겼습니다. 먼저 사람을 얻으면 재물은 그 다음에 따라오는 것이라는 진리를 그는 알고 실천하였던 것입니다.

다섯

티끌

아브라함과 롯, 이 두 사람의 행동에 대하여 하나님은 어떤 입장을 가지 셨는지 한번 살펴볼까요? 아브라함도 인간이었으므로 조카에게 좋은 것을 양보했지만 막상 롯이 좋은 땅을 차지하고 떠날 때 마음이 그렇게 유쾌하지는 않았을 것입니다. 아마도 이별의 아픔과 함께 물질적 상실감을 진하게 느끼고 있었을 것입니다. 본문을 보면 그가 슬픔으로 머리를 숙이고 앉아 있는 모습을 상상할 수 있습니다. 바로 그때, 하나님께서 그를 방문하여 위로해 주셨습니다. 그런데 여기서 눈여겨보아야 할 것은 하나님께서 아브라함이 손해 본 것과 비교할 수 없는 복을 베풀어주셨다는 것입니다.

그것이 13장 14-17절에 기록되어 있습니다. 여기에 상징적인 단어 하나가 나옵니다. 티끌입니다. 조카지만 자식 같은 롯이 좋은 땅을 골라 떠난 후에 아브라함은 기운이 쭉 빠져서 땅의 티끌을 내려다보며, 내 인생이 이 티끌과 같지 않은가 하는 슬픈 생각을 하고 있었습니다. 그런데 하나님이 그에게 위로의 말씀을 주셨습니다. "너는 눈을 들어 너 있는 곳에서 동서남북을 바라보아라. 보이는 땅을 내가 너와 네 자손에게 주겠다. 그 땅은 영원히 너의 자손의 땅이 될 것이다. 네가 지금 땅의 티끌을 보며 너의 신세를 한탄하느냐? 그러지 말아라. 내가 네 자손이 땅의 티끌 같이 셀 수 없도록 번성하게 만들겠다."

이것이 좋은 땅을 양보함으로써 마음이 울적해진 아브라함에게 베푸신 하나님의 은혜입니다. 하나님은 티끌이라는 부정적인 단어를 오히려 긍정적인 단어로 바꾸어주셨습니다. 즉, 자기의 신세를 부정적으로 바라보던 아브라함의 자기인식을 긍정적으로 바꾸어주신 것입니다. 티끌 같은 보잘것없는 인생이라는 아브라함의 생각을 티끌같이 셀 수 없이 많은 자손을 얻는 인생으로 바꾸어주신 것입니다. 이처럼 하나님은 우리의 시각을 고쳐주시고, 우리로 하여금 긍정적인 생각을 하게 만들어주십니다. 하나님의 지혜와 능력이 우리에게 임하면 부정적인 것도 긍정적인 것으로 바뀝니다.

하나님은 우리가 사람에게서 손해 본 것을 몇 배로 보상해 주시는 분입니다. 그러므로 사람들과 싸우면서 물질적 이익을 챙기려고 애쓸 필요가 없습니다. 오히려 사람들에게 후하게 대하면 하나님께서 몇 배로 보상해 주신다는 것을 믿어야 합니다. 이것이 바로 신앙생활의 비밀이요 신자들의 행복입니다. 사람들과의 1:1의 관계에서는 손해 본 것 같지만, 보이지 않는 하나님의 손이 손해 본 것과 비교할 수 없는 보상을 베풀어주시기 때문입니다.

우리가 기꺼이 사람들에게 양보할 수 있는 것은 이러한 하나님을 믿는 믿음 때문입니다. 선하고 의로우신 하나님이 모든 것을 다 보고 계시다가 몇 배로 갚아주시고 채워주신다는 믿음이 있기 때문에 우리는 당장은 속상하지만 마음껏 양보하고 손해 볼 수 있는 것입니다. 하나님은 우리에게 말씀하십니다. 재물은 내가 책임질 테니 너는 인심을 잃지 말라고 말입니다. 재물을 조금 더 얻으려고, 또는 재물에 손해를 보지 않으려고 하다가 인심을 잃고, 사람을 잃어버리면 그 얻은 재물이 하나도 쓸데없는 것이 되고 말 것입니다.

여섯

신앙 信仰

아브라함은 기근 문제가 닥쳤을 때 애굽으로 내려가 비겁하게 행동함으로써 첫 번째 물질의 시험에서 실패했습니다. 그것은 단순히 물질에 대한 과욕과 같은 문제가 아니었습니다. 하나님에 대한 신앙에 있어서 실패한 것입니다. 하나님을 제대로 믿었더라면 그런 비겁한 행동을 하지 않았을 것이기 때문입니다. 그러나 애굽의 그 경험을 통해서 이제는 마음을 단단히 먹게 되었습니다. 그는 재물에 관한 한 하나님을 믿는 믿음에 입각하여 처신하기로 마음먹은 것입니다.

물질적으로 손해를 보더라도 사람을 잃지 말아야 하겠다고 결심한 것이 그것입니다. 그리하여 그는 물질에 관한 두 번째 시험에서는 승리했습니다. 물질 때문에 비겁한 행동을 하지도 않았고, 재물에 대한 탐욕에 흔들리지도 않았습니다. 그는 아예 손해 보는 길을 택함으로써 사람을 얻었고 하나님을 얻었습니다. 하나님의 인정과 약속을 받은 것입니다. 이것은 단순히 물질 문제에서의 승리가 아니었습니다. 바로 하나님을 믿는 신앙의 승리였습니다. 하나님 신앙이 그를 물질 문제에서 승리하게 만들어준 것입니다.

재물에 대한 태도는 하나님 신앙과 깊은 관계가 있습니다. 참으로 하나님을 믿으면 재물보다는 사람을 더 우선적으로 생각할 수 있습니다. 흔히 말하듯 사람 나고 돈 났지 돈 나고 사람 난 것이 아니기 때문입니다. 재물이 사람을 위하여 있는 것이지 사람이 재물을 위하여 있는 것이 아닙니다. 하나님은 우리가 재물보다 사람을 더 중하게 여기기를 원하십니다. 언제 어디서나 재물보다는 사람이 우선이라는 것을 생각하고 실천함으로써 우리의 신앙생활이 한 단계 올라가야 하겠습니다.

예수님이 제자를 부르실 때 하신 유명한 말씀이 있습니다. "나를 따라오너라. 내가 너희로 사람을 낚는 어부가 되게 하리라." 베드로, 안드레, 야고보, 요한 같은 무명의 갈릴리 어부들이 일약 인류 역사의 위대한 스승이 된 것은 예수님의 이 한 말씀을 받아들였기 때문입니다. 갈릴리 바다에 고기잡이 하는 어부들이 얼마나 많았겠습니까? 그 사람들은 전부 돈을 위해서 고기를 잡았습니다. 그러나 베드로와 같은 제자들은 돈보다 사람이 더 중요하다는 예수님의 말씀을 깨달았던 것입니다.

아브라함은 사람을 얻기 위해 땅, 곧 돈을 희생하는 선택을 했습니다. 이 선택이 위대한 아브라함을 만들었습니다. 이렇게 선택하는 것은 그렇게 쉬운 일이 아닙니다. 재물을 얻기 위해 사람을 이용하고 배신하는 일조차 천연덕스럽게 자행하는 것이 이 세상의 현실이기 때문입니다. 돈의 힘을 공공연히 주장하는 자본주의 사회에서 돈보다 사람이 더 중요하다고 외치면, 세상 사람들은 속으로 어리석다고 손가락질할 것입니다. 이런 세상의 풍조를 거스르는 일은 선택하기 쉽지 않습니다.

그럼에도 불구하고 결심하고 사람을 선택하면 결코 후회하지 않을 것입니다. 하나님께서 살아계시기 때문입니다. 오랜 후에는 포기했던 재물까지 보상해 주시는 하나님이심을 경험하게 될 것입니다. 그것이 하나님의 약속의 말씀 속에 곧바로 나타납니다. 하나님께서 아브라함에게 이렇게 말씀하십니다. "너 있는 곳에서 동서남북을 바라보아라. 보이는 땅을 내가 너와 네 자손에게 영원히 주리라 … 너는 일어나 그 땅을 종과 횡으로 걸어 보아라. 내가 그것을 다 네게 줄 것이니라."

하나님은 낙심 가운데 잠시 사로잡혀 있던 아브라함에게 약속을 새롭게 하셨습니다. 땅에 대한 비전을 새롭게 하셨습니다. 그가 있는 곳에서 눈을 들어 동서남북을 바라보라고 하십니다. 일어나 그 땅을 종으로 횡으로 걸어보라고 하십니다. 그리고는 그 모든 땅을 다 주시겠다고 하십니다. 시각적 효과를 사용하여 약속을 더욱더 생생하게 만들어주신 것입니다.

예수님께서 이렇게 말씀하신 적이 있습니다. "무엇이든지 기도하고 구한 것은 받은 줄로 믿으라"(막 11:24)라고 말입니다. '받을 줄'이 아니라 '받은 줄'로 믿는 것은 그만큼 확실한 믿음을 의미합니다. 그처럼 하나님은 아브라함으로 하여금 땅을 이미 받은 것처럼 믿고 걸어보라고 하신 것입니다.

이전에 아브라함은 동서남북을 바라볼 때, 보이는 것이 다 남의 땅이라고 생각했을 것입니다. 그러나 하나님의 말씀을 들은 이제는 그것이 자기와 자기의 후손들의 땅이 될 것임을 믿게 되었습니다. 이전에는 남의 땅을 눈치 보며 걸어 다녔지만 이제는 우리 땅이라고 믿고 당당한 발걸음으로 걸어 다닐 수 있게 되었습니다. 그렇게 생각하고, 바라보고, 행동하는 연습, 이것이 믿음의 훈련입니다.

믿음은 우리의 시각을 바꾸어주고 생각을 바꾸어주고 행동을 바꾸어줍니다. 무엇을 바라보고 무엇을 생각하고 무엇을 행하고 있는지 자신을 반성해 보십시오. 어떻게 바라보고 어떻게 생각하고 어떻게 행동하고 있는지 자신을 관찰해 보십시오. 믿음을 따라 하지 않는 것은 다 죄라고 하였습니다(롬 14:23). 믿음으로 바라보고 믿음으로 생각하고 믿음으로 행동하는 것이 그리스도인의 태도요 삶입니다.

신의 信義

창 14:1-24

세 번째 여정에서 아브라함이 조카 롯에게 물질적 우선권을 양보함으로
써 재물 문제에서 신앙으로 승리했다는 내용을 살펴보았습니다. 이제 여
기서는 재물 문제에서 두 번째이면서 완전히 승리하는 장면을 보게 될 것
입니다. 그런데 창세기 14장의 초점은 재물보다도 아브라함의 인간관계
에 있습니다. 롯에 대한 태도, 동맹한 이웃들에 대한 태도, 그리고 악한
권력자에 대한 태도 및 하나님의 사람에 대한 태도가 두루두루 드러나고
있습니다. 이 사건들을 신의라는 관점에서 살펴보고자 합니다. 하나님에
대한 신앙은 사람들과의 관계에서 드러나며 동시에 사람들과의 관계를
통해서 하나님에 대한 신앙이 연단된다는 것을 생각하고자 합니다.

하나

참전 參戰

아브라함과 롯이 헤어진 지 제법 시간이 흘렀을 때 팔레스타인 땅에 엄청난 전쟁이 일어났습니다. 시날 왕 아므라벨을 중심한 4개국과 소돔 왕 베라를 중심한 5개국이 전쟁을 했는데, 거기서 소돔 왕 쪽이 대패하여 달아났습니다. 전쟁에서 승리한 4개국은 소돔과 고모라의 모든 재물과 양식을 빼앗아갔는데, 특히 소돔에 거주하는 아브라함의 조카 롯을 사로잡고 그재물까지 노략해 갔습니다. 그 전쟁에서 살아서 도망한 소돔 군인 중에서아브라함과 롯의 관계를 잘 아는 사람이 아브라함에게 달려와서 롯이 사로잡혀 갔다는 사실을 알려주었습니다. 이 소식을 처음 들었을 때 아브라함은 무슨 생각을 했을까요?

아브라함은 즉시 롯을 구하기 위한 전쟁에 뛰어들었습니다. 이때의 아브라함에 대하여 성경은 두 가지를 알려줍니다. 하나는 아브라함이 전쟁을 대비하여 주위에 있는 세력들과 부족동맹을 맺고 있었다는 사실입니다. 그의 동맹군의 이름이 등장하는데, 마므레와 에스골 그리고 아넬이었습니다. 또 하나는 아브라함이 평소에 전쟁에 대비하여 가신들을 기르고 훈련시켜두고 있었다는 사실입니다. 14절에 의하면 집에서 무려 318명이나 되는 군사를 거느리고 있었습니다.

이것은 그 시대가 그만큼 불안하였다는 것과 동시에 아브라함의 전혀 새로운 모습을 보여줍니다. 아브라함은 318명이나 되는 상당한 규모의 사병을 거느리고 있었던 것입니다. 아브라함이 원래 재산이 없지 않았지만, 특히 애굽에서 바로로부터 받은 재물이 얼마나 컸었나 하는 것을 짐작하게 해줍니다.

그런데 아브라함이 조카 롯을 구하기 위하여 전쟁에 나서는 모습은 객관적으로 볼 때 무모한 것이었습니다. 상대는 강력한 연합군이었기 때문에 전력상으로 상대가 되지 않았던 것입니다. 그런데 아브라함은 단지 조카 롯을 구하겠다는 일념으로 그 무모한 전쟁에 나섰습니다. 이것은 아브라함이 조카를 얼마나 소중하게 생각하고 있었는가 하는 것을 보여줍니다. 좋은 땅을 차지하고 떠난 조카가 얄밉게 여겨질 수도 있을 텐데, 그는 한결같이 아버지 같은 마음으로 조카를 생각하고 있었음을 보여줍니다.

우리는 앞에서 한 질문에 이제 답을 해보아야 하겠습니다. 조카가 포로로

잡혀갔다는 소식을 들었을 때 아브라함이 무슨 생각을 했을까 하는 질문입니다. 보통 사람이라면 어떻게 했겠습니까? 본문의 아브라함처럼 곧바로 참전할 사람은 아마 거의 없을 것입니다. 왜냐하면 무엇보다도 승산이 매우 희박한 싸움이었기 때문입니다. 한 나라와 싸우는 것도 무모하다고 평가될 것인데, 네 개의 나라로 이루어진 연합국을 어떻게 이길 수 있겠습니까? 자기의 사병을 중심으로 해서 연합국들과 전쟁을 벌이겠다는 것은 무모함을 넘어 어리석음의 극치라고 할 수 있을 것입니다. 이런 전쟁에 뛰어드는 것은 죽기를 각오하지 않으면 안 될 일입니다. 그러므로 이것만은 우리들이 아브라함을 따라 하라고 권할 수 없는 일이기도 합니다. 다만 우리는 아브라함의 참전에서 배워야 할 신앙적인 면을 생각해 보고자 합니다.

아브라함은 결코 전쟁을 좋아하는 사람은 아니었지만 만약을 대비하여 318명이라는 적지 않은 규모의 군사를 훈련시켜 놓고 있었습니다. 그는 자기의 공동체를 지키기 위하여 군대를 두었는데, 이 군대를 자기 조카의 생명을 구하기 위하여 사용하였다는 점을 눈여겨보아야 하겠습니다. 그는 조카가 위험에 빠진 것을 보고 속수무책이라 하며 구경만 하지 않았습니다. 조카의 운명을 자기 자신의 운명으로 여겼던 것입니다.

이 장면은 우리로 하여금 다음과 같은 예수님의 말씀과 행적을 생각하게 만듭니다. "나는 선한 목자라 선한 목자는 양들을 위하여 자기 목숨을 버리느니라"(요 10:11). 또 말씀하시기를, "나는 양을 위하여 목숨을 버리노라"(요 10:15)라고 하셨습니다. 예수님은 강도 만난 자의 비유를 통하여 말쓰하시기를, 우리도 자기의 시간과 재물, 목숨의 위험까지 감수하고 자비를 베푼 사마리아 사람처럼 위기에 빠진 사람들의 이웃이 되어주라고 하셨습니다(눅 10:30-37).

하나님에 대한 믿음은 반드시 다른 사람에게 사랑으로 나타나게 되어 있습니다. 왜냐하면 하나님은 모든 사람들을 사랑하는 분이기 때문입니다. 만일 하나님을 믿는다고 하면서도 이기심에 사로잡혀 다른 이들의 위기를 외면한다면 그 사람의 믿음은 온전하다고 할 수 없습니다.

아브라함은 조카의 위기를 외면하지 않았습니다. 전쟁에서 이기고 지는 것을 떠나서 그가 조카를 위하여 전쟁에 뛰어들었다는 사실이 중요합니다. 어쩌면 그의 성품상 하나님에 대한 믿음의 여부에 상관없이 그 상황에서 전쟁에 참여하였을지 모릅니다. 그러나 하나님에 대한 신앙이 더욱더 그로 하여금 전쟁에 적극적으로 임하게 하였을 것입니다. 조금 후에 보겠지만 그는 하나님을 의지하고 싸웠기 때문입니다.

둘

승전勝戰

무모한 전쟁으로 보였지만 아브라함은 예상을 뒤엎고 완전한 승리를 거두게 됩니다. 그는 전략을 잘 짜서 야간 기습 작전을 감행하였습니다. 그리하여 승리에 도취되어 흥청망청하고 있던 연합군을 단번에 쳐부수고 모든 빼앗겼던 재물과 자기의 조카 롯과 그의 재물과 부녀와 친척을 다 찾아왔습니다.

이때 조카 롯이 삼촌 아브라함에게 얼마나 감사하게 생각했을지는 충분히 상상하고도 남음이 있을 것입니다. 아브라함과 조카 롯과의 관계를 보면 아브라함은 평생 일방적으로 롯을 도와주었습니다. 반면에 롯은 아브라함에게 도움을 받기만 하였지 별로 도움을 주지는 못했습니다. 아브라함은 일방적으로 주는 사람이고 롯은 일방적으로 받는 사람이었습니다.

아브라함은 평생 일방적으로 주기만 했어도 끝은 창대해졌습니다. 그에 비해 롯은 평생 받기만 했는데도 끝내 망하고 말았습니다. 주는 것이 받는 것보다 더 복이 있다는 주님의 말씀대로 된 것입니다(행 20:35). 그러므로 우리는 아무개에게 은혜를 베풀어 주었는데도 배은망덕한 사람이 있을 때 너무 유감스럽게 생각하지 말아야 합니다. 그 사람에게 갚음을 받지 못하면 하나님께서 갚아주실 것이기 때문입니다.

아브라함이 목숨을 건 전쟁에서 연합군을 쳐부수고 돌아올 때 두 사람이 그를 영접하였습니다. 한 사람은 살렘 왕 멜기세덱이었습니다. 살렘은 지금의 예루살렘을 가리킵니다. 그는 지극히 높으신 하나님의 제사장이었습니다. 지극히 높으신 하나님이란 참 하나님, 성경이 가리키는 그 하나님을 의미합니다. 멜기세덱이 어떻게 왕이면서도 하나님의 제사장이 되었는지 우리로서는 알 수 없습니다. 멜기세덱이란 이름의 의미는 의의 왕입니다. 우리는 신약성경을 통하여 의의 왕은 다름 아닌 예수님이라는 것을 알고 있습니다. 그러므로 멜기세덱은 신약의 예수님의 그림자라고 말할 수 있습니다. 그가 왕이면서도 제사장이라는 점도 예수님과 닮았습니다. 예수님도 왕이시면서, 제사장이시면서, 또 선지자이시기 때문입니다.

멜기세덱이 떡과 포도주를 가지고 나와서 아브라함을 환영하고 또 축복하였습니다. 그가 가지고 온 떡과 포도주는 단순히 먹고 마실 것을 가리킬 수도 있지만, 여기서는 그보다 더 깊은 의미를 내포하고 있습니다. 우리가 알다시피 예수님은 유월절 마지막 만찬 때 떡과 포도주를 떼시며 이것은 내 몸이요 내 살이라고 하셨습니다. 즉 멜기세덱이 가지고 온 떡과 포도주는 장차 인류를 구원하기 위하여 이 세상에 찾아오실 예수 그리스도의 상징이었던 것입니다.

뿐만 아니라 멜기세덱은 선지자이기도 하였습니다. 그것은 그가 아브라함에게 전쟁의 승리의 원인을 설명해 주는 데서 잘 나타납니다. 곧 지극히 높으신 하나님께서 아브라함의 대적을 아브라함의 손에 붙여주셨기 때문이라고 한 것입니다. 아브라함이 예상을 뒤엎고 기적과 같이 완벽한 승리를 한 이유가 바로 여기에 있었던 것입니다. 하나님은 조카를 위하여, 그리고 포로로 잡혀간 수많은 사람들을 위하여 전쟁에 뛰어든 아브라함의 편이 되셔서 그로 하여금 아무도 예상하지 못했던 전격적인 승리를 거두게 만드셨던 것입니다.

아브라함은 멜기세덱의 설명을 그대로 믿고 받아들였습니다. 그리하여 그는 멜기세덱에게 자기가 얻은 것 중에서 십분의 일을 바쳤습니다. 십일조를 바친 것입니다. 성경에 십일조에 관한 가장 첫 사례가 바로 이것입니다. 그 후 아브라함의 손자 야곱이 하나님께 십일조 서원을 하였고, 그 후 모세의 시대 때 십일조 규례가 확정되었습니다. 어쨌든 하나님은 멜기세덱을 아브라함에게 보내셔서 그의 승리가 하나님의 은혜라는 것, 그리고 하나님은 전쟁에서도 아브라함을 확실히 지켜주시는 분이라는 것을 가르쳐 주셨습니다.

셋

재물보다 명예名譽

두 번째 사람이 나타나 개선하는 아브라함을 맞이했습니다. 그는 소돔 왕
베라였습니다. 소돔 왕은 전쟁에 대패하여 산으로 도망가서 숨어 있다가
아브라함이 승전하여 자기가 빼앗긴 모든 사람과 재물을 탈환해 온다는
소식을 듣고 마중 나온 것이었습니다. 그가 아브라함에게 말했습니다.
"사람은 내게 보내고 물품은 네가 취하라." 마치 자신이 아브라함에게 선
심이나 쓰는 것처럼 하였습니다. 전쟁에 패해서 이제 망했구나 하고 생각
하던 그는 아브라함의 승전 소식을 듣고는 소돔 왕국을 재건할 계획을 세
웠습니다. 그러기 위해서는 무엇보다도 소돔 사람들 특히 군인들을 되찾
을 필요가 있었습니다. 원래 소돔 왕국의 재산, 곧 물품도 필요하였지만

그것까지 다 달라고 하기는 너무 염치가 없었던 것입니다. 그래서 물품은 네가 취하더라도 사람은 내게 보내달라고 한 것입니다.

우리는 재물을 앞에 둔 아브라함과 롯의 입장을 비교하는 가운데, 아브라함은 재물보다 사람이 더 중요하다는 결론을 내린 사람이었음을 살펴본 적이 있습니다. 재물이 사람을 위하여 있는 것이지 사람이 재물을 위하여 있는 것이 아니기 때문입니다. 하나님을 믿는 사람은 하나님의 가치관을 가지고 살아야 하는데, 하나님은 사람이 재물보다 더 중요하다는 가치관을 가지고 계십니다. 천하보다 더 귀중한 것이 한 사람의 생명이기 때문입니다. 어쩌면 하나님을 알지 못하는 소돔 왕도 재물보다는 사람이 더 우선이라는 것은 잘 알았던 것 같습니다. 그는 사람들만 회복하면 소돔 왕국을 재건할 수 있고 그러면 재물은 다시 생긴다고 계산했을 것입니다. 그래서 물품은 아브라함이 취하더라도 사람은 내게 달라고 요구한 것입니다.

아브라함으로서는 소돔 왕의 요구를 들어줄 하등의 이유가 없었습니다. 왜냐하면 포로가 되었던 그 사람들도 목숨을 건 전쟁에서 이기고 얻은 노획물이기 때문입니다. 물품뿐 아니라 사람도 다 아브라함의 권한하에 있었습니다. 그러므로 아브라함은 소돔 왕의 말을 일언지하에 거절할 수 있었습니다. 사람도 취하고 물품도 취할 수 있었습니다. 권리가 있었습니다. 그러나 아브라함은 소돔 왕에게 사람뿐 아니라 물품까지도 돌려주었습니다.

22-24절에 그 이유가 잘 나타나 있습니다. 이것을 우리는 잘 공부해야 하겠습니다. 22절에서 아브라함은 "천지의 주재이시요 지극히 높으신 하나님 여호와께" 내가 손을 들어 맹세한다고 하였습니다. 이것은 앞에서 아브라함을 축복한 제사장 멜기세덱이 말한 것과 꼭 같음을 알 수 있습니다. 아브라함은 멜기세덱과 하나님 신앙을 공유하고 있었던 것입니다. 곧 하나님은 천지의 주재요 지극히 높으신 분이라는 것입니다. 아브라함은 소돔 왕의 제의에 대해 천지의 주재요 지극히 높으신 하나님께 대한 신앙에 근거하여 대답하고 있음을 분명히 보여주고 있습니다. 이제 아브라함의 대답이 무엇인지 살펴봅시다. 그것은 두 가지입니다.

하나는 원래 소돔 왕에게 속한 것은 아무것도 취하지 않겠다고 한 것입니다. "네게 속한 것은 실 한 오라기나 들메끈 한 가닥도 내가 가지지 아니하리라." 소돔 왕이 물품은 아브라함이 가져도 좋다고 하였지만 아브라함은 한 오라기나 한 가닥도 가지지 않겠다고 선언했습니다. 가질 권한이 있었고 또 상대방도 가지라고 하였지만 거부했습니다. 그 이유가 무엇입니까? "네 말이 내가 아브라함으로 치부하게 하였다 할까 하여"라는 말 속에 그 이유가 들어 있습니다. 소돔 왕에게 속했던 것을 아브라함이 가지면, 그리하여 아브라함이 부자가 되면, 소돔 왕이 다른 사람들에게 말하기를, 내가 아브라함을 부자로 만들어주었다라고 떠벌릴 것이 분명하다는 것입니다.

소돔 왕 덕분에 자신이 부자가 되었다는 소리를 아브라함은 결코 듣고 싶지 않았던 것입니다. 그것은 명예롭지 못한 일이었습니다. 천지의 주재이

시요 지극히 높으신 하나님 여호와를 믿으며 사는 아브라함이 부도덕과 부패의 상징인 소돔 왕의 덕으로 부자가 되었다는 소리를 듣는다면 얼마나 창피한 일이겠습니까? 그것은 자신의 창피일 뿐 아니라 자기가 믿는 하나님 여호와의 명예를 떨어뜨리는 일인 것입니다. 그래서 그는 그것을 거부했습니다. 물질에 관한 한 소돔 왕과는 연결되고 싶지 않다는 것이 아브라함의 생각이었던 것입니다.

여기서 분명히 나타난 아브라함의 생각은 재물보다 명예가 우선이라는 철학입니다. 명예롭지 못한 재물은 취하지 않겠다는 것입니다. 재물이란 것 자체가 나쁜 것은 아닙니다. 문제는 그것이 깨끗하지 못한 것일 때에 생깁니다. 재물과 명예 가운데 하나만 취할 수 있을 때 우리는 무엇을 선택할 것인지 분명히 해야 합니다.

아브라함은 명예를 취했습니다. 아브라함이 소돔 왕에게 속했던 재물을 취해도 부당하지는 않았습니다. 전리품으로 얻은 정당한 것입니다. 그러나 소돔 왕이 뒤에서 딴소리를 함으로써 불명예를 안을 소지가 있기에 이를 아예 없애 버린 것입니다. 하나님을 믿는 사람이 부패의 원조와 같은 소돔 왕의 도움을 입었다는 소리를 듣는 것은 불명예요 치욕이라 여긴 것입니다. 왜 소돔 왕에 의해 부자가 되었다는 소리를 들어야 하느냐, 나는 부자가 되더라도 하나님에 의해서만 되겠다고 선언한 것입니다.

넷

분배의 정의 分配正義

소돔 왕에게 속한 것은 아무것도 취하지 않겠다는 아브라함의 선언은 믿음에서 우러나온 것입니다. 이것은 하나님을 알고 하나님을 믿는 사람이 할 수 있는 선언입니다. 그러므로 아직 하나님을 모르는 동료들에게 강요할 수는 없는 것이었습니다. 그래서 그는 두 번째의 말을 합니다. 그것이 24절에 나타납니다. "젊은이들이 먹은 것은 제하라. 그리고 나의 동맹군인 아넬, 에스골, 마므레의 분깃은 제하라. 그들이 그 분깃을 가져야 한다."라고 한 것입니다. 이것은 무슨 뜻일까요?

젊은이들이 먹은 것이란 전쟁을 수행하는 도중에 치러진 비용을 말합니다. 굶으면서 전쟁을 할 수는 없습니다. 전리품으로 빼앗은 식량을 먹으면서 전쟁을 수행하는 것입니다. 그렇게 먹은 것은 전쟁을 수행한 비용이기 때문에 그것까지 무를 수는 없는 일일 것입니다. 그리고 동맹군의 분깃은 제해야 한다고 했는데, 그것이 정당한 일이기 때문입니다. 목숨을 걸고 참전했다면 승리했을 때 분깃을 받는 것은 당연한 일입니다. 이겨도 아무것도 얻는 것이 없다면 누가 목숨 걸고 전쟁을 하러 나가겠습니까? 그러므로 아브라함과 함께 싸운 동맹군의 몫은 나누어주어야 한다는 것입니다. 이것이 무엇을 의미할까요?

전쟁에 승리한 사람은 아브라함과 그의 동맹군입니다. 그들은 각각 정당한 몫이 있습니다. 전리품을 분배해서 가질 권리가 있습니다. 그런데 아브라함은 자기 몫을 포기하겠다고 하였습니다. 가지는 것이 정당하지만 하나님을 믿는 사람으로서의 명예와 나아가 하나님의 명예를 지키기 위하여 자기 몫을 포기한 것입니다. 이것이 아브라함의 원칙이었습니다.

그런데 아브라함은 이 원칙을 자기의 동맹군에게 강요하지는 않았습니다. 그들은 아직 하나님을 모르는 사람이었기 때문입니다. 그들에게 자기의 원칙을 강요하여, 나도 포기하니 너희도 포기해 달라고 하는 것은 지나친 것이며 그것은 그들의 권리를 침해하는 것이 됩니다. 그래서 아브라함은 동맹군들의 몫은 그대로 챙겨준 것입니다.

아브라함과 동맹군은 함께 전쟁에 나갔습니다. 아브라함이 전쟁의 주역이었습니다. 동맹군들은 조역으로서 아브라함을 도왔습니다. 승리한 후 조역들은 자기들의 몫을 챙겼습니다. 그것은 정당한 일입니다. 주역인 아브라함도 자기의 몫을 챙길 권리가 있었습니다. 그러나 포기했습니다. 소돔왕의 도움으로 부자가 되었다는 불명예스러운 평가를 받지 않기 위함이었습니다. 오직 하나님을 믿는 자로서의 명예를 지키기 위함이었습니다.

부자가 되더라도 사람에게 공로가 돌아가게 된다면 그것은 신앙에 합당하지 않습니다. 오직 하나님께 모든 공로가 돌아가야 합니다. 아브라함은 사람에 의해서가 아니라 오직 하나님에 의해서 부자가 되었다는 말을 듣고자 한 것입니다. 이것이 하나님을 믿는 사람으로서 재물에 대한 올바른 태도일 것입니다.

"재물을 가질 것이냐 명예를 가질 것이냐?"라는 질문을 하고 싶습니다. 잠언 22장 1절에 그 해답이 있습니다. "많은 재물보다 명예를 택할 것이요 은이나 금보다 은총을 더욱 택할 것이니라." 재물보다 명예가 낫다는 것입니다. 재물보다 하나님의 은혜가 더 낫다는 것입니다. 그런데 이것은 이론으로는 쉽지만 실천하기는 그리 쉽지 않다는 것이 현실입니다.

돈, 재물 때문에 추락하고 마는 그리스도인들이 너무 많습니다. 그리스도인들과 교회가 재물 때문에 법과 도덕에 어긋나는 일을 함으로써 욕을 얻어먹고 결과적으로 하나님의 명예를 실추시키는 일이 얼마나 많이 있는지 모릅니다. 오늘날 교회가 사회로부터 공신력을 잃어버리고 전도가 안 되는 가장 중요한 원인이 바로 여기에 있습니다.

아브라함은 신앙 초기에 물질적 어려움이 생기자 재물이 많은 애굽으로 내려갔고, 거기서 거짓말을 함으로써 신앙을 지키지 못한 실패자가 되었습니다. 그러나 애굽에서 나온 이후 롯과의 물질 문제가 발생했을 때, 하나님을 믿고 크게 양보함으로써 일차적인 승리를 거두었습니다. 그리고 마침내 소돔 왕의 제의를 거절함으로써 완전한 승리를 거두었습니다. 이후 아브라함은 다시는 물질 때문에 신앙이 흔들리는 일은 없었습니다.

성경은 너무나 분명히 일러줍니다. 돈보다 명예가 더 중요하다는 것을 말입니다. 돈을 많이 버는 것보다 하나님의 사람으로서 깨끗한 명예를 지키는 것이 훨씬 더 옳은 일이라는 것을 늘 생각하고 우리의 삶에서 구체적으로 실천하며 살아야 하겠습니다.

최선 最善

창 15:1-21

최선을 향해서 나아갈 것인가 아니면 차선으로 그칠 것인가, 선택의 기로에 놓일 때가 많을 것입니다. 글자 그대로 최선이 제일 좋지만 차선에 머무르려고 하는 이유는 최선의 길이 너무 힘들기 때문입니다. 차선을 취한다는 것은 현실에 타협한다는 뜻입니다. 불확실하지만 최선을 향해서 끝까지 가는 것과 적당한 선에서 실리를 취하고 안정을 얻는 것 중에서 어느 것이 신앙의 길인지, 어느 것이 하나님께서 원하시는 것인지 본문을 통해 생각해 보고자 합니다.

하나

상賞

이미 살펴보았듯이, 본문의 전 장인 창세기 14장에는 아브라함이 강대국들과 더불어 전쟁을 치르고 완전한 승리를 거둔 내용이 기록되어 있습니다. 아브라함이 전쟁에 나선 것은 순전히 조카 롯을 구하기 위함이었습니다. 하나님의 도우심으로 승리하였지만 그 일로 말미암아 아브라함은 후유증에 시달리게 됩니다. 그에게 패퇴한 강대국들이 보복하기 위하여 언제 다시 쳐들어올지 모르기 때문입니다. 아브라함은 조금도 긴장을 늦추지 않고 몸조심을 하지 않을 수 없는 그런 나날을 보내고 있었습니다.

이런 때에 하나님의 말씀이 환상 중에 아브라함에게 임하였습니다. "아브람아 두려워하지 말아라. 나는 너의 방패니라." 전쟁 후유증에 시달리는 아브라함의 형편을 잘 아신 하나님은 먼저 그에게 두려움의 문제에 대한 말씀을 하셨습니다. 하나님 자신이 그의 방패라고 하셨습니다. 강대국들이 아무리 다시 공격하더라도 만군의 하나님께서 방패가 되어 지켜주시고 보호해 주신다면 두려워할 것이 무엇이겠습니까? 이것은 아브라함이 매우 듣고 싶어 했던 말씀이었습니다. 아마 아브라함은 대단히 안심이 되었을 것입니다. 그런데 하나님은 아브라함이 선뜻 이해할 수 없는 말씀을 하십니다. "나는 너의 지극히 큰 상급이니라."

문자 그대로 이것은 하나님 자신이 아브라함의 상급이라는 말씀입니다. 하나님이 상급이라는 것은 우리가 깊이 생각할 말씀입니다. 하나님을 믿는 모든 사람들에게 대단히 의미심장한 말씀이기 때문입니다. 하나님은 우리 모든 신자들이 하나님 자신을 상급으로 여기기를 원하십니다. 하나님 자신을 우리의 상급으로 여기게 되는 것은 우리의 신앙생활에서 대단히 중요하고도 궁극적인 목표입니다.

그런데 유감스럽게도 아브라함은 하나님이 지극히 큰 상급이라는 사실을 알지 못했습니다. 그는 하나님 자신을 상급으로 받아들일 만큼 아직 신앙이 성숙하지 못했습니다. 그는 하나님이 자기에게 무언가 큰 상급을 주실 것은 기대했지만, 하나님 자신이 상급이라는 것은 꿈에도 생각지 못했던 것입니다.

아브라함이 여쭈었습니다. "주 여호와여 무엇을 내게 주시려 하나이까?"

아브라함은 하나님 자신이 아니라 하나님이 주시는 다른 선물, 다른 상급을 생각하면서, 무엇을 상으로 주시려 합니까, 하고 물은 것입니다. 그리고는 무슨 상급, 아무리 거창한 상을 주신들 그것이 나에게 무슨 소용이 있으리오, 하는 투의 대답을 하고 있습니다. "나는 자식이 없사오니 나의 상속자는 이 다메섹 사람 엘리에셀이니이다." 내가 자식이 없어 다른 사람이 상속자가 될 것인데, 하나님이 아무리 대단한 상을 주신들 무슨 소용이 있느냐, 그것도 결국 다른 사람의 수중에 돌아가고 말 것이 아니냐 하는 말입니다.

우리가 나중에, 창세기 22장에 가서 다시 살펴보겠지만, 하나님은 참으로 아브라함의 지극히 큰 상급이었습니다. 그때가 되면 아브라함이 그것을 받아들였음을 행동으로 보여줍니다. 그러나 지금은 아직 그런 경지에 이르지 못한 것입니다. 하나님은 아브라함에게 "내가 너의 지극히 큰 상급이다."라는 대단히 중요한 말씀을 하셨는데, 아브라함은 그것을 전혀 받아들이지 않았으니, 하나님으로서는 좀 머쓱해지셨을 것입니다. 그러나 하나님은 인내심 있게 아브라함이 영적으로 성숙하기를 기다리셨습니다.

우리에게도 마찬가지입니다. 하나님은 우리들이 당신을 어떻게 이해하는지 대단히 궁금해 하십니다. 하나님이 우리의 지극히 큰 상급이라는 사실을 알아주기를 기다리고 계십니다. 그 이해에 이르기까지 하나님은 부단히 우리와 동행하시며 우리에게 연단을 주실 것입니다. 그것을 빨리 인식하고 받아들일 수 있다면 그것은 우리의 대단히 큰 행복이 될 것입니다.

둘

차선 次善

아브라함은 하나님이 오시자 곧바로 자식 문제를 꺼냈습니다. 이것은 아브라함 일생일대의 문제였습니다. 이때까지 그의 인생 목적은 열심히 일해서 많은 재산을 일구고 그것을 자기의 자식에게 유산으로 물려주는 것이었습니다. 그런데 자기의 재산을 상속할 자식이 없는 것입니다. 그래서 아브라함은 신세타령하듯이 하나님께 말씀드렸습니다. "나의 상속자는 이 다메섹 사람 엘리에셀이 될 것입니다." '이게 나의 지금 형편입니다. 하나님 좀 통촉해 주십시오.' 그런 뜻입니다.

아브라함이 언급한 다메섹 사람 엘리에셀은 아마도 그가 신임하는 종으로서 그의 가정 총무였을 것입니다. 아브라함은 자기 혈육이 아니라 자기의 종을 후계자로 삼아야 될 형편이었습니다. 이제 이렇게 말을 꺼내 놓고 보니 은근히 하나님께 대한 원망이 솟아났습니다. 그래서 내친김에 그것을 쏟아내었습니다. "주께서 내게 씨를 주지 아니하셨으니 내 집에서 길린 자가 내 상속자가 될 것입니다." 엘리에셀이 자기의 상속자가 되는 이유는 하나님이 자기에게 씨, 곧 자식을 주지 아니하셨기 때문이라 하였습니다. 이게 무슨 뜻일까요?

'하나님이 주지 아니하셨다', 이것이 아브라함이 말하고자 하는 요점이었습니다. 하나님이 책임을 지셔야 한다는 것입니다. 우리가 생각하면 좀 억지 같지만 이것이 그 당시 아브라함의 심정이었습니다. 그로서는 그렇게 원망할 이유가 있었습니다. 왜냐하면 갈대아 우르에서 가나안까지 그 당시로는 어마어마한 먼 나라로 이민을 온 것은 순전히 하나님께서 자식을 주시겠다고 약속하셨기 때문입니다. 그런데 아직까지 안 주셨으니 하나님 책임이라고 할 만한 것입니다. 하나님이 약속을 이행하지 않고 계신 것이 아니냐는 것입니다.

여기서 우리가 눈여겨 살펴보아야 할 것이 있습니다. 그것은 아브라함의 타협하고자 하는 마음입니다. 그의 마음에 자식에 대한 기다림을 포기하고자 하는 생각이 일어났습니다. 엘리에셀이라는 사람을 상속자로 언급하는 데서 그것을 발견할 수 있습니다. 이 나이가 되도록 자식이 없으니 더 이상 기다려서 무얼 하겠는가? 그만 포기하고 엘리에셀을 상속자로 삼고 이 지긋지긋한 문제를 끝내 버리자, 그런 마음이 들었던 것입니다.

이것은 다르게 말하면 하나님의 약속을 더 이상 기다리지 말고, 슬프지만 포기하고, 주어진 현실에 적당히 타협하자는 것입니다.

하나님의 약속이 최선이지만 그것이 쉽게 이루어질 것 같지 않으니 그만 현실과 타협하자, 지금 내 주위에 있는 사람 가운데서 가장 괜찮은 사람을 후계자로 삼고 이제는 더 이상 후계자 문제, 상속자 문제로 신경 쓰지 말고 편안하게 노후를 살자, 그런 생각이었습니다. 이루어지지 않는 약속을 계속 붙들고 기다리는 것은 정말 힘든 일이었던 것입니다. 그리고 이것은 또한 약속을 빨리 이행하지 않고 계시는 하나님께 대한 은근한 항의이기도 하였습니다.

우리는 아브라함의 이런 마음을 좀 이해해 줘야 하겠습니다. 그는 나이 75세에 순전히 아들 하나 얻기 위하여 고향, 친척, 아버지의 집을 떠나 머나먼 타국으로 이민을 왔습니다. 인생의 큰 모험을 한 것입니다. 그렇게 한 후 많은 날이 경과했습니다. 그 기간 동안 날마다 하루도 빠짐없이 아들을 주신다는 하나님의 약속을 생각했을 것입니다. 그러나 그 많은 날이 지나도록 감감 무소식이었습니다. 그 오랜 세월 동안 계속 하나님의 약속만 붙들고 사는 것은 너무 피곤한 일이었습니다. 도대체 언제까지 기다려야만 하는가? 내 나이가 점점 들어 몸은 늙어 가는데, 이러다가 후사도 정하지 못하고 갑자기 죽고 마는 것은 아닐까 하는 불안감도 들었습니다.

그래서 자기처럼 자식이 없는 사람들이 곧잘 그러듯이 자기 집에서 기른 종들 가운데 한 사람을 후사로 정하고 그에게 모든 것을 물려주고, 여생은 그에게 기대어 편안히 살고 싶은 생각이 저 마음 깊은 곳에서 새록새록 올라왔던 것입니다. 그래서 그는 하나님께 감히 말씀드린 것입니다. 주님께서 나에게 씨를 아니 주셨으니, 내 집에서 길리운 저 다메섹 사람 엘리에셀이 있지 않습니까? 그를 상속자로 세우고 그냥 남들처럼 살고 싶습니다. 하고 말입니다. 우리가 조금만 열린 마음으로 들어주면 아브라함의 고충, 그 괴로운 마음을 충분히 이해할 수 있을 것입니다.

아브라함의 대답을 들으신 하나님은, 인간적으로 표현하면, 깜짝 놀라셨습니다. 이러다가 큰일나겠다 싶은 생각이 드신 것입니다. 이제 그만 포기하고 말겠다는 아브라함의 말에 하나님께서 긴장하신 것이 분명합니다. 하나님은 아브라함의 말이 끝나자마자 곧바로 대답하십니다. "그 사람은 네 상속자가 아니다. 네 몸에서 날 자가 네 상속자가 될 것이다."

아브라함이 다메섹 사람 엘리에셀을 마음에 두고 있는 것을 보신 하나님은 가만히 계실 수 없었습니다. "그는 아니다."라고 강력하게 말씀하신 것입니다. 네가 그렇게 타협하면 안 된다는 뜻입니다. 아브라함의 생각은 '하나님이 약속을 이행하지 않으시니 나로서는 이렇게 할 수밖에 없습니다. 약속대로 아들을 주신다면 최선이지만 그게 안 되면 내가 기른 종들 중에서 후사를 정하는 것도 차선책으로 생각할 수 있지 않습니까.' 라는 것입니다. 최선이 안 되면 차선이라도 취할 수밖에 없다는 것입니다.

그런데 하나님은 안 된다고 하셨습니다. 아무리 사정이 안 좋더라도 현실에 적당히 타협하여 차선으로 결정하지 말라는 것입니다. 아브라함의 후사, 상속자를 두고, 하나님과 아브라함 사이에 대립이 생겼습니다. 지금 아브라함은 하나님의 계획에 맞서고 있는 것입니다. 하나님은 최선의 길을 주장하시고, 아브라함은 차선의 길을 찾을 수밖에 없지 않느냐고 하므로 잠시 동안이지만 서로 대치한 상황입니다.

최선이냐 차선이냐, 이 문제를 두고 신앙이 무엇인지 깊이 생각하게 됩니다. 차선이라는 것은 최선을 얻을 수 없을 때 흔히 취하는 방법입니다. 세상 삶에서는 최선을 알지만 그것을 이루기 힘들 때가 참으로 많습니다. 그래서 차선으로 방향을 전환하는 것도 하나의 삶의 지혜로 추천됩니다. 세상은 서로 생각이 다른 여러 사람들이 어울려 사는 곳입니다. 만일 어떤 사람이 자기의 생각을 최선이라고 말하며 계속 주장하고 다른 사람들에게 그것을 강요하면 공동체가 와해될 수 있습니다. 이런 때는 자기의 최선을 내려놓고 공동체에 속한 다른 사람들도 다 찬성할 수 있는 차선을 찾아 합의하는 것이 지혜로운 일이 되는 것입니다.

그러나 하나님 앞에서 믿음으로 사는 것은 전혀 다른 문제입니다. 믿음의 세계, 진리의 세계에서는 이러한 차선책은 가장 경계해야 할 대상입니다. 믿음의 세계에서는 차선은 지혜도 아니고 칭찬받지도 못합니다. 왜냐하면 우리의 믿음의 대상이신 하나님은 전능하신 절대자이기 때문입니다.

하나님은 결코 현실과 타협하지 않으십니다. 하나님은 오직 최선의 길로만 행진하십니다. "그 사람은 네 상속자가 아니다."라고 하셨습니다. '네 몸에서 날 자'가 있는데, '그가 네 상속자가 될 것'이라고 하셨습니다. 아브라함에게 자식을 주시겠다는 하나님의 약속은 아직도 여전히 유효하다는 말씀입니다. 그것을 왜 포기하느냐, 하나님이 약속하셨는데, 네가 왜 포기하느냐? 최선은 아직 남아 있다, 아직 유효하다, 그것을 포기하지 말라, 차선은 절대로 안 된다는 것이 하나님의 말씀입니다.

뭇별

이렇게 말씀하신 다음 하나님은 아브라함을 이끌고 밖으로 나가셨습니다. 그리고 말씀하셨습니다. "하늘을 우러러 뭇별을 셀 수 있나 보라. 네 자손이 이와 같으리라." 이것은 성경에 나오는 기사 가운데서 하나님이 어떤 분이신가 하는 것을 가장 리얼하게 드러내고 있는 명장면이 아닌가 생각합니다.

사람이 방에 틀어박혀 있으면 어두운 생각을 하기 쉽습니다. 아브라함은 어두운 방구석에 틀어박혀 자기의 신세타령을 하고 있었던 것입니다. 나이 여든이 넘은 지금 아직도 자식 하나 없으니 내가 무슨 낙으로 세상을 살아갈꼬! 하면서 탁주 한잔 걸치고 방구석에 드러누워 있는 한 노인의 모습을 우리는 상상할 수 있습니다. 그와 같은 어두운 환경에서는 밝은 생각을 하기 힘들 것입니다.

그래서 하나님은 아브라함의 분위기를 바꾸어주기로 하셨습니다. 그를 이끌어 밖으로 나가셨습니다. 때는 밤이라 하늘을 보니 수많은 별들이 아름답게 반짝이고 있었습니다. 하나님은 아브라함에게 말씀하셨습니다. "하늘을 우러러 보아라. 뭇별이 보이느냐? 하늘의 별들이 얼마나 많은지 한번 세어보아라. 네가 저 영롱하게 반짝이는 수많은 별들을 셀 수 있겠느냐? 네 자손이 저 별들같이 셀 수도 없을 만큼 번성할 것이니라."

사람은 강한 듯해도 엄청나게 약한 존재입니다. 파스칼은 인간을 생각하는 갈대라고 하였는데, 생각하는 것만 빼면 갈대처럼 약한 존재라는 뜻입니다. 바람에 날리는 갈대처럼 인간은 믿음직하지 못한 존재입니다. 이렇게 갈대처럼 약한 인간을 강하게 만드는 것은 믿음입니다. 전능하신 하나님을 믿는 믿음입니다. 이 믿음이 있으면 사람은 세상의 그 무엇보다 강하게 됩니다. 그러나 하나님을 믿는 믿음을 상실해 버리면 산들바람에도 흔들릴 수밖에 없이 약한 것이 인간입니다.

예수님의 수제자인 베드로를 생각해 봅시다. 그의 원래 이름은 시몬입니다. 시몬의 뜻은 갈대입니다. 그는 원래 갈대같이 연약하고 변덕이 많은 사람이었습니다. 그런 그를 잘 아신 예수께서 그의 이름을 게바, 곧 베드로라고 지어주셨습니다. 반석이란 뜻입니다. 반석처럼 든든한 사람이 될 것이라고 하신 것입니다.

베드로가 언제 반석이 되었습니까? 그에게 믿음이 있을 때였습니다. 그러나 그가 믿음을 상실한 때는 즉시 세 번씩이나 예수님을 부인하는 연약하기 짝이 없는 사람이었던 것입니다. 그를 강한 사람이 되게 만드는 것은 타고난 성격이 아니라 하나님을 믿는 믿음입니다. 믿음이 사람을 강하게 만들어줍니다. 아무리 강한 사람도 믿음이 상실되면 갈대처럼 연약해질 수밖에 없습니다. 사람은 누구나 다 갈대와 같이 약합니다. 타고난 성질은 정도의 차이만 있을 뿐 다 약한 것이 인간입니다. 오직 하나님을 믿는 믿음이 인간을 강하게 만들어주는 것입니다.

그러므로 믿음이 중요합니다. 하나님을 믿어야 합니다. 하나님을 믿으려면 하나님을 잘 믿을 수 있는 분위기를 만들어야 합니다. 하나님을 생각하고, 하나님의 말씀이 생각나게 되는 그런 분위기를 만들어야 합니다. 피로감에 지쳐서 어두운 방구석에 드러누워서는 하나님께 대한 역동적인 신앙을 가질 수 없습니다. 밖으로 나가서 하늘의 뭇별을 보아야 합니다. 하늘을 바라보며 꿈을 꾸어야 합니다.

오래전에 신앙생활을 열심히 하는 어떤 분의 집에 놀러간 적이 있었습니다. 인상적인 것은 온 집안 곳곳에 하나님의 말씀이 적혀 있는 것이었습니다. 현관에서부터 거실, 안방, 아이들 방, 마루, 천장, 화장실 할 것 없이 눈길이 가는 모든 곳에 하나님의 말씀이 적혀 있었습니다. "나를 따라오라. 내가 너로 사람을 낚는 어부가 되게 하리라.", "너는 복의 근원이 될

지니라.", "항상 기뻐하라. 쉬지 말고 기도하라. 범사에 감사하라.", "오직 의인은 믿음으로 말미암아 살리라." 등등 주옥 같은 성경의 말씀이 그 집 어디든지 눈길이 가는 곳에는 다 붙어 있었습니다. 좀 요란스럽기는 하지만 이렇게 함으로써 하나님의 말씀을 항상 가까이하고 믿을 수 있는 분위기를 만든 것입니다.

우리에게는 이런 노력이 필요합니다. 안 보면 잊히고 보면 생각이 납니다. 사람에 대해서도 그러합니다. 아무리 다정했던 사람도 헤어져서 한 삼 년만 보지 않으면 거의 다 잊어버리고 맙니다. 하나님에 대해서도 마찬가지입니다. 하나님도 말씀을 들을 때에 생각이 나는 것이지 딴생각에 빠져 있으면 생각이 날 리가 없고, 믿음이 자랄 수도 없습니다. 그러므로 할 수 있는 대로 말씀을 읽고 하나님을 생각할 수 있는 환경으로 꾸미는 것이 아이들 교육에 있어서만 아니라 우리 자신의 신앙을 위해서도 무엇보다 더 중요한 일인 것입니다.

넷

이신칭의 以信稱義

하나님의 손에 이끌려 밖으로 나온 아브라함은 하늘에 반짝이는 무수한 별을 보면서 마음이 밝아졌습니다. 하나님의 말씀을 듣고 보니 반짝이는 저 헤아릴 수 없는 뭇별이 자기의 미래의 자손들처럼 느껴졌습니다. 비록 지금은 단 하나의 자식도 없지만, 아름다운 수많은 별들이 밤하늘을 가득 채우고 있는 것처럼, 머지않아 나의 수많은 자손들이 이 땅을 가득 채울 것이라는 생각을 하자 가슴이 뛰기 시작했습니다.

그는 하나님을 믿었습니다. 하나님의 말씀을 믿었습니다. 자기의 몸에서 날 자가 자기의 상속자가 될 것임을 믿었습니다. 하늘의 뭇별과 같은 자손들이 자기에게서 생겨날 것을 믿었습니다. 조금 전까지만 해도 신세타령이나 하며 하나님에 대한 원망이 가득했으나 이제 그의 마음에는 미래에 대한 기대와 소망으로 가득 차게 되었습니다. 자식이 하나도 없는 슬픈 현재를 보지 않고 수많은 자손으로 가득 찬 즐거운 미래를 볼 수 있게 되었습니다.

믿음은 현재를 보는 것이 아닙니다. 미래를 보는 것입니다. 아무것도 이루어진 것이 없는 현재를 보고 슬퍼하고 불평하는 것이 아니라 모든 것이 다 이루어진 미래를 미리 내다보며 기뻐하고 감사하는 것이 신앙입니다.

아브라함이 이렇게 하나님을 믿었습니다. 그러자 하나님이 이것을 그의 의로, 그의 공의로 여겨주셨습니다. 바울은 이 장면을 주목하고 나서 '믿음으로 말미암은 칭의' 라는 위대한 진리를 발견하고 설파하였습니다. 지금 눈에 보이는 것이 아무것도 없을지라도, 하나님이 말씀하시면 그것이 반드시 있게 될 것을 믿는 것, 그것이 구원 얻는 믿음입니다. 이런 믿음이 우리를 하나님 앞에서 의롭게 만드는 것입니다.

로마서 4:17-18에 아브라함이 믿은 하나님이 어떤 분인가를 잘 설명하였습니다. "그가 믿은 바 하나님은 죽은 자를 살리시며 없는 것을 있는 것으로 부르시는 이시니라. 아브라함이 바랄 수 없는 중에 바라고 믿었느니라." 그분은 죽은 자를 살리시는 부활의 하나님이십니다. 또 없는 것을 있는 것으로 부르시는 창조의 하나님이십니다. 하나님이 부르시면 존재하게 되고, 하나님이 부르시면 나타나게 됩니다.

하나님의 말씀은 창조의 능력입니다. 어떤 존재가 먼저 있기 때문에 하나님이 그것을 부르시는 것이 아닙니다. 하나님이 말씀하시면 그때 비로소 그것이 존재하게 됩니다. 아브라함이 바랄 수 없는 중에 바라고 믿은 이유는, 하나님이 창조자이시기 때문입니다. 하나님의 말씀이 창조의 능력이기 때문입니다. 하나님이 말씀하시면 그대로 된다는 것을 알았기 때문입니다. 또한 아브라함이 바랄 수 없는 중에 바라고 믿은 이유는, 하나님이 부활의 주님이시기 때문입니다. 하나님의 말씀은 부활의 능력입니다. 하나님이 말씀하시면 죽은 자도 부활하게 되는 것입니다.

부활이요 창조의 능력이신 하나님이 말씀하셨습니다. "그 사람은 네 상속자가 아니라, 네 몸에서 날 자가 네 상속자가 될 것이다." 현실에 타협하여 적당하게 차선을 취하지 말라는 것입니다. 오직 하나님을 믿고, 하나님의 말씀의 능력을 믿고 최선의 길을 걸어가는 것이 신앙이라는 것입니다.

아브라함의 신앙의 여정에서 창세기 15장의 이 사건은 그의 신앙의 실패와 성공이라는 양면을 다 보여주고 있습니다. "내가 너의 지극히 큰 상급이니라."라는 말씀을 들었을 때 아브라함은 곧이곧대로 받아들이지 않았습니다. "무엇을 내게 주시려 합니까? 나는 이제 아들을 기다리기에 지쳤습니다. 하나님이 아들을 주시지 않으셨으니 나는 이제 내 집에서 기른 종들 가운데 한 사람, 다메섹인 엘리에셀을 내 후사로 삼고 말겠습니다." 이렇게 대답한 것입니다. 이것은 신앙의 실패를 의미합니다. 하나님의 말씀을 놓아버린 것입니다.

그러나 아브라함은 거기서 머물지 않았습니다. 하나님께서 다시 말씀하셨을 때 그는 마음을 다잡았습니다. 하나님께서 무엇이라고 다시 말씀하셨습니까? "그 사람은 네 상속자가 아니다. 네 몸에서 날 자가 네 상속자가 될 것이니라." 그리고는 고민하고 있는 아브라함을 밖으로 불러내신 후 말씀하셨습니다. "하늘을 우러러 뭇별을 셀 수 있나 보라. 네 자손이 이와 같을 것이다." 하늘의 뭇별을 가만히 바라보던 아브라함의 마음속에 하나님을 믿는 믿음이 솟아올랐습니다. 본문에는 없지만 아브라함은 하나님이 아실 수 있도록 대답하였을 것입니다. "전능하신 하나님께서 말씀하시니 그대로 믿고 받아들이겠습니다."라고 말입니다. 그러자 하나님은 아브라함의 이 믿음을 보시고 그것을 그의 의로, 그의 공의로 여겨주셨습니다.

우리는 전능하신 하나님의 말씀을 굳게 붙잡아야 합니다. 그럼으로 적당주의를 버려야 합니다. 신앙생활에 있어서만큼은 적당하게 차선을 취하지 말고 최선을 추구하는 믿음의 사람들이 되어야 합니다. 오직 믿음으로 최선의 길을 걸어가면 하나님의 놀라운 능력이 우리의 삶과 가정과 교회와 사회에 충만하게 임하게 될 것입니다.

다섯

예배 禮拜

아브라함이 여호와를 믿으니 여호와께서 이를 그의 의로 여기시고 그에게 말씀하셨습니다. "나는 이 땅을 네게 주어 소유를 삼게 하려고 너를 갈대아인의 우르에서 이끌어 낸 여호와니라." 아브라함에게 이 말씀은 참으로 듣고 싶은 말씀이었습니다. 귀가 솔깃해지는 말씀이었습니다. 그에게는 두 가지 큰 소원이 있었는데 하나는 자식이었고 또 하나는 땅이었습니다. 그것들은 모두 하나님이 약속하신 복에 들어 있는 내용입니다.

아브라함은 고향을 떠나 이국땅에 살고 있었는데, 아직도 자기 땅이라고는 한 평도 가지고 있지 못했습니다. 큰 전쟁에서 승리하였지만 자기 땅을 챙기지 않았습니다. 여전히 남의 땅에 전전하고 있었습니다. 그러므로 언제 내 명의의 땅을 한번 소유해 보나 하는 생각을 하였을 것입니다. 그런데 하나님께서 이 땅을 그의 소유로 주시겠다고 지금 말씀하신 것입니다. 눈이 번쩍 뜨이는 귀한 말씀이 아닐 수 없었습니다.

그래서 그는 곧바로 여쭈었습니다. "주 여호와여 내가 이 땅을 소유로 받을 것을 무엇으로 알리이까?" 이 말은 하나님의 그 말씀이 잘 믿어지지 않는다는 뜻입니다. 믿을 수 있도록 무언가를 좀 보여달라는 뜻입니다.

무엇으로 알 수 있는가? 아브라함은 대단히 중요한 질문을 하였습니다. 여기서 안다는 것은 믿는다는 뜻입니다. 무엇을 보고 믿을 수 있겠느냐는 것입니다. 무엇으로 아는가? 무엇에 근거하여 믿는가? 이것은 사실상 우리 모든 신자들의 끊임없는 질문일 뿐만 아니라 또 우리는 마땅히 그렇게 질문해야 합니다.

우리는 하나님의 말씀을 듣습니다. 하나님의 복된 약속을 듣고 있습니다. 그것을 믿어야 합니다. 그런데 쉽게 믿어지지 않는 것이 현실입니다. 그때 우리의 마음속에 이런 질문이 일어납니다. 그 말씀을 어떻게 믿을 수 있는가? 그 약속이 이루어진다는 사실을 어떻게 아는가? 여기에 대해 우리가 올바른 답변을 할 수 있어야 잘 믿을 수 있고 잘 알 수 있습니다. 그래야만 하나님을 믿고 하나님의 뜻을 알고 믿음의 도를 따라 온전히 살 수 있습니다. 그러므로 아브라함이 여기서 내가 무엇으로 알리이까, 하고 질문한 것은 바로 우리를 대신해서 한 질문이라고도 볼 수 있습니다.

그때 하나님께서 그에게 말씀하셨습니다. "나를 위하여 삼 년 된 암소와 삼 년 된 암염소와 삼 년 된 숫양과 산비둘기와 집비둘기 새끼를 가져올지니라." 이것은 내가 너에게 그것을 알게 해줄 터이니 정성껏 제물을 준비하여 제사를 드리라는 말씀입니다. 지금으로 말하면 하나님께 정성껏 예배를 드리라는 것입니다. 그 예배를 통해 하나님께서 우리로 하여금 알게 하시고 믿게 하시겠다는 말씀입니다.

아브라함은 그 모든 것을 준비하였습니다. 그것들을 잡아서 쪼개고 그 쪼갠 것을 마주 대하여 놓았습니다. 솔개가 그 사체 위에 내릴 때에는 쫓았습니다. 하나님께 바친 제물에 솔개가 접근하면 제물이 부정해지기 때문입니다. 아브라함의 이런 행동은 하나님께서 받으실 만한 제물이 되도록 정성을 드렸다는 뜻입니다. 우리가 하나님께 예배를 드릴 때 어떤 마음으로 드려야 하는가를 보여줍니다.

예배를 자주 드리다보면 오히려 예배의 중요성을 제대로 인식하지 못하고 지나기가 쉽습니다. 그러나 참으로 믿음이 있는 사람, 참으로 하나님을 제대로 아는 사람에게는 예배가 삶의 가장 중요한 일이 됩니다. 예배는 우리가 하나님을 만나는 공식적인 시간입니다. 그러므로 하나님은 만사를 제쳐 놓고 예배부터 드리는 사람을 귀하게 여기실 것입니다. 예배를 경홀히 하면서 다른 데서 하나님을 만나고자 하는 사람은 결국 후회하게 될 것입니다. 예배 시간에 하나님을 만나야 다른 모든 삶에서도 하나님의 은총 가운데 있게 되기 때문입니다.

여섯

예언 豫言

해가 질 때 아브라함은 깊은 잠에 빠지게 되었습니다. 비몽사몽간이었는데, 큰 흑암과 두려움이 아브라함에게 임했습니다. 여기에 등장하는 흑암과 두려움은 바로 하나님의 임재를 상징합니다. 하나님은 인간이 그 깊이를 알 수 없는 흑암 가운데 계시며, 또 인간이 전인적으로 빠져들 수밖에 없는 두려움을 몰고 오십니다. 깊이를 알 수 없는 천길 만길 되는 흑암의 낭떠러지 위에서, 전율할 것 같은 두려움 속에서, 인간은 자기의 실존을 처절하게 느끼게 됩니다. 바로 그때 하나님이 아브라함에게 말씀하셨습니다.

"너는 반드시 알라." 반드시 알아야 한다고 하셨습니다. 지금부터 하시는 하나님의 말씀을 아브라함은 반드시 알아야 하는데, 왜냐하면 이것은 아브라함 자손들의 미래에 대한 예언이기 때문입니다. 이것을 알아야 아브라함과 그 자손들이 흔들리지 않을 수 있습니다. 그렇지 않으면 역사의 주님이신 하나님에 대한 신앙을 상실하고 유리방황하게 될 것입니다.

하나님은 아브라함의 자손이 이방에서 객이 되어 그들을 섬기겠고 400년 동안 괴롭힘을 당할 것이라고 말씀하셨습니다. 여기에는 아브라함의 자손들이 번성할 것이라는 뜻이 전제되어 있습니다. 아브라함은 방금 전까지 자기 자식을 하나라도 볼 수 있을까 하고 걱정했었지만 하나님은 그정도는 전혀 신경 쓰지 않으셨습니다. 아브라함에게서 생길 많은 후손들의 400년 후의 미래를 생각하고 계신 것입니다.

하나님은 계속해서 말씀하십니다. "그들이 섬기는 나라를 내가 징벌할 것이다. 그 후에 네 자손이 큰 재물을 이끌고 나올 것이다. 너는 장수하다가 평안히 조상에게로 돌아가 장사될 것이다. 네 자손은 사대 만에 이 땅으로 돌아올 것이다."

우리는 이 말씀에서 하나님이 얼마나 원대하신 분인지 확실히 볼 수 있습니다. 이것은 아브라함으로서는 전혀 기대하지 못했던 일입니다. 아브라함이 자기 당대의 일을 염려하고 있었던 데 비해서 하나님은 400년 후의 일들을 내다보고 계신 것입니다. 우리 인간에 비해서 하나님의 스케일이 얼마나 큰지 우리는 잘 관찰해야 하겠습니다.

하나님은 우리 각자에 대해서도 이와 같이 광대하신 분입니다. 우리는 한 치 앞의 일에 사로잡혀 때로는 불안해하고, 때로는 불평하고 원망하지만, 하나님은 먼 미래의 우리의 모습을 생각하시면서 하루하루 우리의 길을 인도하십니다. 현재 하나님의 하시는 일이 우리 마음에 들지 않을 때 하나님이 실수하신다고 생각하면 안 됩니다. 원대하신 하나님께서 내가 알지 못하는 놀라운 세계로 나를 인도하고 계시는구나 하고 생각해야 합니다.

사실 우리가 하나님을 믿는 것은 하나님이 내가 알지 못하는 곳으로 나를 인도하시기 때문이기도 합니다. 만일 내가 다 아는 것, 내가 다 예상하는 곳으로 인도하신다면 하나님이 나보다 별로 뛰어날 것도 없는 분이 되고 말 것입니다. 그렇다면 하나님을 믿고 살 이유가 뭐 있겠습니까? 역설적이지만 내가 원하지 않는 곳으로 인도하시기 때문에 하나님을 믿는 이유가 있는 것입니다. 하나님은 내가 보지 못하는 것을 보시고, 내가 알지 못하는 것을 아시기 때문에, 내 생각을 훨씬 초월해서 나의 길을 인도하실 수 있습니다. 하나님의 생각은 내 생각보다 높고 하나님의 길은 나의 길보다 비교할 수 없도록 높은 것입니다(사 55:9).

하나님이 아브라함에게 하신 말씀은 아브라함 자손들의 앞으로 400년 동안의 역사에 대한 예언입니다. 무엇으로 알 수 있느냐는 질문에 하나님은 눈에 보이는 것으로 답변하지 않으셨습니다. 눈앞에 있는 것으로 보이신 것이 아니라 원대한 역사 이야기로 답을 주셨습니다.

여기에 분명히 나타나는 하나님은 역사의 주님입니다. 인간의 역사를 이끌어 가시는 분이 바로 하나님이심을 보여줍니다. 인간이 역사의 주인공인 것 같지만 사실상 하나님이 인간을 사용하여 역사를 이끌어 가신다는 것을 성경은 증언해 주고 있습니다.

하나님은 무작정 역사를 만들어 가시는 것이 아닙니다. 역사의 미래에 대한 분명한 목표를 가지고 계십니다. 마치 우리가 이십 대에는 취직을 하고, 삼십 대에는 결혼을 하고 아이를 낳아 양육하고, 사십 대에는 경제적으로 가정을 든든히 세우고, 오십 대에는 사회를 위하여 보람 있는 일을 하고, 그리고 육십 대 이후에는 하나님 나라를 위해 산다는 식으로 인생을 설계하듯이, 하나님은 인류의 역사에 대한 계획을 가지고 계십니다.

우리가 상상할 수 없는 원대한 계획 가운데 하나님은 개인과 민족의 역사를 이끌어 가고 계십니다. 인류의 역사는 하나님의 그 설계도대로 진행되고 있습니다. 아브라함의 자손들이 애굽으로 가서 400년 동안 노예살이를 한 후, 마침내 하나님이 애굽을 치시므로 출애굽 하였고, 가나안을 정복하여 그 땅의 주인이 되었습니다. 하나님이 설계하신 대로 이루어진 것입니다.

땅을 아브라함에게 주어 소유를 삼게 하신다는 하나님의 말씀을 믿을 수 있는 이유가 어디 있습니까? 그것은 말씀하신 하나님이 바로 역사의 주님이라는 것입니다. 하나님은 아브라함에게 정녕히 알라고 하셨습니다. 하나님이 바로 역사의 주님이라는 것을 반드시 알라는 것입니다.

하나님은 역사를 설계하시고 그대로 이끌어 가시는 능력의 주님이십니다. 그러므로 우리는 하나님의 말씀을 믿을 수 있고, 하나님이 우리에게 하신 약속은 반드시 이루어진다는 사실을 압니다. 18절 이하에서 하나님은 아브라함과 언약을 세우셨습니다. "내가 이 땅을 애굽 강에서부터 그 큰 강 유브라데까지 네 자손에게 주리라." 하나님의 약속은 반드시 이루어집니다. 왜냐하면 하나님은 역사를 주관하시는 왕이시기 때문입니다.

일곱

공의 公義

하나님이 하신 말씀에서 우리는 중요한 역사의 섭리를 발견하게 됩니다. 그것은 하나님이 역사를 공의의 원칙으로 섭리하신다는 것입니다. 하나님은 의로우신 분입니다. 하나님이 아브라함의 하나님이라고 해서 아브라함에게 일방적으로 좋게만 하시는 것은 아닙니다. 아브라함의 자손들이 가나안 땅을 소유하기 위해서는 먼저 고난을 받아야 했습니다. 그들은 이방에서 객이 되어 400년간 노예살이를 해야 했습니다. 이 세상의 어느 민족 못지않은 고난을 통과함으로써 그들은 하나님의 백성이라 불리움을 받을 것입니다.

하나님의 택하심을 입었다고 그저 편안하기만 하고 형통하기만 한 것은 절대로 아닙니다. 오히려 세상의 다른 사람보다 더 많은 고난을 먼저 받아야 합니다. 하나님은 먼저 고난으로 우리를 인도하신다는 사실을 잘 알아야 합니다. 그리고 그로 인하여 낙심하지 말아야 합니다. 만일 나에게 고난이 다가온다면 이것을 뭔가 잘못된 것으로 생각하면 안 됩니다. 하나님의 사랑은 고난을 통해서 먼저 나를 연단시키는 것이기 때문입니다. 우리 옛말에도 미운 자식에게는 떡을 주고 고운 자식에게는 매를 준다고 하였습니다. 하나님이 바로 그런 분입니다.

아브라함의 자손들은 수백 년을 노예살이로 고난을 당하고 그 후에 하나님의 은혜를 입어 가나안 땅의 주인이 되었습니다. 우리 한국 민족의 역사도 마찬가지입니다. 우리는 주위의 어느 나라보다도 더 많은 고난을 받아온 민족입니다. 아직도 그 고난은 계속되고 있습니다. 우리나라는 세계에서 유일하게 국토의 허리가 잘려서 남북이 대치하고 있는 나라입니다. 남들이 겪지 않는 고통을 안고 살아가고 있습니다. 이것은 보기에 따라 민족적 자괴감을 느낄 수도 있는 일이지만, 하나님의 섭리의 관점에서 보면 희망이 넘치는 일이기도 합니다. 하나님이 우리나라를 이 세계를 위하여 크게 쓰시기 위하여 이와 같은 고난을 겪게 하시기 때문입니다.

16절에 이는 아모리 족속의 죄악이 아직 가득 차지 아니하기 때문이라는 말씀이 나옵니다. 이 말은 가나안 땅의 주인인 아모리 족속으로부터 땅을 빼앗아 아브라함의 자손에게 주는 그런 식으로 하나님은 일하지 않으신다는 것입니다. 하나님은 전능하시므로 그렇게 하실 힘이 있지만 그것은 하나님의 원칙에 어긋나는 일입니다. 하나님의 공의에 어긋나는 일입니다. 아모리 족속으로부터 땅을 빼앗아 아브라함의 자손들에게 주는 것은 하나님의 계획이지만, 하나님은 그것을 순리적으로 행하십니다. 그들의 죄가 무르익어서 공정하게 심판하실 수 있을 때까지 기다리시는 것입니다. 그리고 그동안 아브라함의 자손들을 애굽에 보내어 고된 훈련을 받게 하시는 것입니다. 그러다가 마침내 때가 되어 아모리인들의 죄가 심판을 초래하기에 충분하고, 아브라함의 자손들이 하나님의 백성으로서 은혜를 받아도 될 만큼 고난을 충분히 받았을 때에, 드디어 하나님은 그 계획을 실행하시는 것입니다.

하나님은 결코 누구에게도 불의하신 분이 아닙니다. 하나님은 반드시 때를 따라 순리적으로 행동하시는 분입니다. 우리도 하나님을 본받아 항상 원칙을 지키며, 의롭게 살며, 무엇보다 고난을 달게 감당하는 사람이 되어야 하겠습니다.

우리가 무엇으로 압니까? 우리가 무엇을 보고 믿을 수 있습니까? 하나님이 역사의 주님이시기 때문입니다. 우리를 한없이 초월하시는 하나님은 역사의 주관자이십니다. 하나님은 한 민족의 역사의 주님이실 뿐 아니라 한 개인의 역사의 주님이시기도 합니다. 역사의 주님이신 하나님은 공평하신 분이고 의로우신 분입니다. 역사의 주님은 때를 따라 개인과 민족의 길을 열어 가십니다. 나 개인의 역사와 우리 교회의 역사 그리고 우리 민족과 세계 역사의 주님이신 하나님이 말씀하셨다면, 약속하셨다면, 우리는 그것을 믿지 않을 이유가 전혀 없는 것입니다.

제가 齊家

창 16:1-16

동양의 학문의 길을 밝힌 고전으로 《대학》이 있습니다. 거기에 적힌 유명한 말 중에 수신제가치국평천하(修身齊家治國平天下)가 있습니다. 개인의 인격을 닦는 것이 먼저고, 다음에 가정, 다음에 나라, 그리고 나서 천하를 경영하여야 한다는 말입니다. 성경의 가르침도 근본적으로 다르지 않습니다. 영적 지도자로 세움 받기 전에 먼저 개인의 신앙적 인격을 잘 닦아야 할 것이고, 다음에는 가정을 잘 다스리는 자가 되어야 합니다. 감독과 집사의 자격을 논한 서신에서 바울은 그것을 가르쳤습니다(딤전 3:4-5,12). 그런데 신자들의 모델인 아브라함은 한때 집안을 잘 다스리지 못하여 곤경에 처했습니다. 그것이 창세기 16장에 적나라하게 나타납니다. 이를 통하여 신앙의 여정에서 가정을 잘 다스리는 것이 얼마나 중요한가 하는 것을 살펴보고자 합니다.

하나

실수 失手

창세기 15장에서 자식을 볼 희망을 거의 상실하고 있었던 아브라함을 찾아오신 하나님은 하늘을 우러러 뭇별을 셀 수 있나 보라 하시며 셀 수 없는 무수한 자손을 다시 약속해 주셨습니다. 그때 아브라함은 그 말씀을 믿었고, 그로부터 또 수년이 경과한 어느 날 일어난 일이 창세기 16장에 기록되어 있습니다. 이것은 아브라함으로부터가 아니라 그 아내 사라로부터 시작되었습니다.

아브라함과 사라가 가나안에 이주해 온 지 어언 10년이 되었습니다. 그런데 사라는 아직 출산하지 못했습니다. 아브라함과 마찬가지로 자식에 목

말라 한 것은 사라였는데, 그녀는 아브라함보다도 오히려 더 초조하게 되었습니다. 남편 아브라함에게 자기가 아내로서의 역할을 못하고 있다는 사실이 견디기 힘들었을 것입니다. 그녀는 아직도 약속한 아들을 주지 않으시는 하나님이 원망스러웠고, 자기 자신에 대해서는 비참하였으며, 남편에 대해서는 미안한 감정을 억제할 수 없었을 것입니다.

그녀는 고민 고민을 하다가 어느 날 마음에 결단을 내렸습니다. 그것은 여종 하갈을 통하여 아들을 얻어야 하겠다는 것입니다. 그녀가 아브라함에게 말합니다. "여호와께서 내 출산을 허락하지 아니하셨으니 원하건대 내 여종에게 들어가라. 내가 혹 그로 말미암아 자녀를 얻을까 하노라."

우리나라 속담 중에 남편이 시앗을 보면 돌부처도 돌아앉는다는 말이 있습니다. 우리나라 여인만 그런 것이 아니라 유대 여인도 마찬가지입니다. 그런데도 사라는 스스로 자기의 몸종인 하갈을 남편의 첩으로 주고자 한 것입니다. 사라의 마음이 오죽했으면 이런 일을 스스로 나서서 했겠습니까? '여호와께서 내 출산을 허락하지 아니하셨다'는 말 속에는 하나님께 대한 원망이 가득 들어 있습니다. 젊은 시절은 말할 것도 없고, 가나안 땅으로 온 지가 얼만데, 아직도 자식을 주시지 않으셨으니 그녀의 원망하는 심정을 충분히 이해할 만합니다.

그래서 그녀는 마침내 세상적인 방법을 사용하기로 작정한 것입니다. 세상 사람들이 흔히 하는 방법, 곧 첩을 통해 자식을 얻는 것입니다. 그러나 이것은 잘못이었습니다. 그녀의 마음은 충분히 이해하지만, 그렇다고 하나님을 기다리는 것을 포기하고 세상의 풍속을 따라 문제를 해결하고자 한 것은 옳은 일이 아니었습니다. 그녀는 실수를 한 것입니다.

우리에게도 이런 경우가 얼마든지 있을 수 있습니다. 열심히 기도하는 제 목대로 이루어지지 않을 때 하나님을 원망하게 되고, 하나님을 기다리는 대신 세상적인 방법으로 목적을 이루고 싶어지는 때가 있을 것입니다. 하나님이 안 주시면 내 힘으로 만들겠다, 이런 생각이 드는 것을 얼마든지 이해할 수 있습니다. 그러나 그렇게 하는 것은 잘못입니다. 하나님의 약속이 없으면 모르겠거니와 있다면, 시간이 오래 걸려도 참고 기다려야 합니다. 우리는 조급한 마음이 들지만 하나님이 좀 더 기다려야 한다고 하시면 그것이 맞는 것입니다. 우리를 위해 가장 좋은 것을 예비하시는 하나님보다 우리가 더 지혜로울 수는 없기 때문입니다.

사라만 실수한 것이 아닙니다. 아브라함도 여기서 판단을 잘못한 것입니다. 사라가 믿음 없는 방법을 들고 나오면 아브라함이라도 말렸어야 했습니다. 그런데 그가 어떻게 했습니까? 본문에 보면 "아브라함이 사라의 말을 들으니라."라고 되어 있습니다. 하나님의 사람인 아브라함, 하나님께서 분명히 하늘의 뭇별과 같이 수많은 자손을 주시겠다고 약속하신 그 약속을 믿는 사람이라면 사라의 의견을 거절했어야 옳았습니다. 그 무슨 믿음 없는 소리냐고 책망하고 다시는 그런 생각을 하지 못하도록 했어야 했습니다. 그런데 아브라함은 사라의 말을 들었습니다.

그러고 보면 어쩌면 이것은 아브라함도 속으로 원하고 있던 일이었는지 모르겠습니다. '불감청이나 고소원이라.'는 말이 있습니다. 차마 내 쪽에서 요청하지는 못하겠으나 마음으로는 원하던 바였다는 뜻입니다. 아브라함이 그랬는지 모릅니다. 그래서 그는 두말 않고 하갈을 첩으로 맞아들였습니다. 우리말 성경에는 첩으로 번역되어 있는데, 히브리어 원어상으로는 아내, 부인입니다. 그러니까 아브라함은 하갈을 제2의 부인으로 맞이한 것입니다. 이것은 결코 신앙의 행위가 아닙니다. 불신앙의 행위였습니다. 하나님의 방법이 아니라 세상적인 방법이었습니다. 그러므로 하나님의 사람으로서 더욱 성숙해져야 할 아브라함의 일대 실수가 되고 만 것입니다.

우리는 한 걸음씩 주님의 형상을 향해 나아가야 할 사람들입니다. 예수님을 믿는다고 단번에 우리의 인격이 성숙해지는 것은 아닙니다. 하루하루 조금씩 조금씩 예수님의 형상을 향하여 나아가는 것입니다. 우리는 죽을 때까지 부지런히 나아가야 할 목표가 있습니다. 바로 주님의 형상입니다. 주님의 형상을 완전히 닮는 것, 그것이 우리 신앙생활의 궁극적 목표입니다. 사도 바울이 말한 것처럼 그것이 우리의 푯대이며, 그 푯대를 향하여 끊임없이 달려가야 하는 것입니다. 그것이 신앙의 여정입니다.

예배에 출석한다는 것은 믿음에 있어서 승리한 사람들이 즐기면서 여유를 부리기 위한 것이 아닙니다. 우리는 함께 목표를 향하여 걸어가는 동반자들입니다. 서로 이끌어주고 밀어주면서 주님이 서서 기다리시는 정상을 향하여 걸어가야 합니다. 결코 이제는 다됐다 그렇게 말할 수 없는 것입니다. 그러므로 끊임없이 자기 자신을 돌아보면서 혹시 어디 잘못된 것은 없는지 살피고 반성하는 일을 게을리할 수 없는 것입니다.

아브라함은 하갈을 첩으로 주겠다는 사라의 제의에 대해, 이것이 하나님의 뜻에 맞는 것인지, 이게 잘하는 일인지 기도하고 신중하게 살펴보아야 했습니다. 그랬다면 그의 믿음은 훨씬 빨리 진보하였을 것이고, 결과적으로 말하면 아들 이삭을 훨씬 더 빨리 얻었을지도 모릅니다.

사라도 실수했고, 아브라함도 실수했습니다. 그런데 또 한 사람 하갈도 실수했음을 알 수 있습니다. 하갈은 애굽 사람이라 하였습니다. 아마도 창세기 12장에 기록된 대로 가나안에 기근이 심하게 들어 애굽에 내려갔을 때, 바로의 선물로 얻은 여종이었던 것으로 보입니다. 그녀는 애굽 여인이었으므로 하나님을 잘 몰랐을 것입니다. 또 나이도 젊었으므로 인생의 깊이를 잘 이해하지 못하고 있었을 것입니다. 그런 그녀가 여주인 사라가 잉태하지 못하는 불행의 반사이익으로 주인인 아브라함의 아내가 되는 행운을 얻었습니다. 그렇다면 더욱 몸을 낮추어 조신하게 처신했어야 마땅합니다. 그런데 그렇게 하지 못한 것입니다.

아브라함의 아내가 된 하갈은 금세 임신을 하게 됩니다. 사라는 그렇게도 안 되던 임신이 하갈에게는 너무 쉽게 되었습니다. 어떤 면에서 하나님은 좀 무심한 면이 있는 듯합니다. 제 주위에도 보면, 별의별 방법을 다 동원해도 아이가 안 생겨서 애태우는 부부가 있습니다. 결혼한 지 10년이 넘어도 아이가 안 생겨서 결국 양자를 얻는 경우를 보았습니다. 우리 부부도 아이가 안 생겨서 낙심한 때가 있었습니다. 그때는 아이 잘 낳는 부부가 몹시 부러웠습니다. 그런데 어떤 부부는 손만 잡아도 아이가 들어선다고 오히려 불안해하는 부부도 있습니다. 인간의 유한한 눈으로 보면 하나님께 불공평한 점이 있다고 아니할 수 없을 듯합니다.

그러나 사라와 하갈의 관계에서 보면 어쩌면 이것이 더 공평하지 않겠습니까? 여주인 사라가 아이를 잘 낳는 반면 여종인 하갈이 아이까지 못 낳는다면 너무 불공평하지 않겠습니까? 길게 보면 하나님은 공평하신 분임에 틀림없습니다. 나에게 잘 안 되는 부분만 보면 하나님을 불공평하다고 원망할 수 있지만, 나에게 잘 되는 부분을 보면 오히려 하나님께서 나만 편애하시는 것이 아닌가 여겨져서 다른 사람에게 미안할 수도 있는 것입니다. 우리는 이왕이면 좋은 편으로 하나님을 생각해야 하겠습니다.

하갈은 임신하지 못하는 여주인 사라를 멸시하였습니다. 사라의 몸종이었다가 갑자가 아브라함의 둘째 부인이 되었을 때 처음에는 사라에게 너무나 황송했을 것입니다. 그러나 인간사가 다 그런 것처럼 시간이 지날수록 차츰차츰 은혜를 잊어버리게 되었습니다. 하갈은 아브라함의 아이를 임신함으로써 자기의 지위가 안정되자 여주인 사라에 대한 태도를 바꾸기 시작했습니다. 하루가 다르게 사라에 대한 태도가 불손해지고 마침내 그 입에서 사라를 경멸하는 언사가 튀어나오게 된 것입니다. 아이도 못 낳은 여자가 무슨 부인이냐, 뭐 이런 식의 말들이 나왔을 것이라 추정할 수 있습니다. 예전에는 여주인과 여종의 관계였던 것이 이제는 아이 못 낳은 부인 대 아들 낳은 부인의 관계로 바뀌었습니다. 사라는 자기 몸종을 첩으로 주었다가, 이제는 그 첩으로부터 경멸을 받는 지경에 이르게 된 것입니다.

하갈은 보통 사람이었습니다. 우리는 사람들이 대부분 하갈처럼 그렇게 배은망덕하다는 것을 인정하는 것이 좋습니다. 그러는 것이 세상에서 상처를 덜 받는 길입니다. 물론 작은 은혜도 늘 간직하면서 진심으로 감사를 표하는 사람들도 있습니다. 그런 사람은 참 좋은 사람입니다. 사람은 오래 지켜봐야 제대로 알 수 있습니다. 좋은 사람은 작은 것도 귀하게 여기며 처음이나 나중이나 늘 감사한 마음으로 사는 사람입니다.

이제 사라가 어떻게 대응하는지 알아봅시다. 사라는 청순가련형의 여인이 아니었습니다. 그녀는 자기의 자리를 쉽게 넘겨주고 뒷방에서 눈물로 세월을 보내는 그런 여인이 아니었습니다. 그녀는 하나님이 주신 자기의 지위를 확실히 챙길 줄 아는 여인이었습니다. 그녀는 가만히 참지 않고 아브라함에게 찾아가 따지고 들었습니다. "내가 받는 모욕은 당신이 받아야 옳도다."라고 남편에게 퍼부었습니다. "내가 나의 여종을 당신의 품에 두었거늘, 그가 자기의 임신한 것을 알고 나를 멸시하니, 당신과 나 사이에 여호와께서 판단하시기를 원하노라." 그녀는 남편에게 일전불사 하겠다고 나선 것입니다. 그녀의 생각에 하갈이 이렇게 배은망덕하게, 건방지게 나오게 된 것은 다 남편 아브라함 때문이었던 것입니다. 아브라함이 젊은 첩 하갈을 애지중지하기 때문이라 본 것입니다.

아마도 아브라함은 하갈이 젊었을 뿐 아니라, 자기가 그토록 기다리고 기다리던 아이까지 가지게 되었으니 대단히 기뻐한 나머지 하갈을 사랑하게 되었을 것입니다. 그래서 얼마동안 자기에게 사라라는 조강지처가 있었는가 하고 잊을 정도였을지도 모릅니다. 그걸 보고 하갈은 이제 아브라함은 자기 남편이라고 생각하고는 사라를 멸시한 것이 아닌가 싶습니다. 그래서 사라는 바로 그것을 따지며 말한 것입니다. "당신과 나 사이에 여호와께서 판단하시기를 원하노라." 하나님께 가서 물어보자, 누가 잘했는지, 그런 뜻입니다. 사라의 말을 들은 아브라함은 할 말이 하나도 없었습니다. 입이 열 개라도 할 말이 없었습니다. 그래서 그는 아내에게 백기를 들고 이렇게 말합니다. "당신의 여종은 당신의 수중에 있으니 당신의 눈에 좋을 대로 그에게 행하시오." 하갈을 자기의 부인이라고 하지 않고 사라의 여종이라고 불렀습니다.

만약 이 부부싸움의 현장에 하갈이 있었다면 화들짝 놀랐을 것입니다. 그녀로서는 남편 아브라함이 본 부인인 사라를 혼내주기를 기대하였을 것이기 때문입니다. 아브라함이 근엄한 목소리로 사라를 야단치면서, '당신이 지금 둘째 부인에 대해 질투를 하는 것이냐, 하갈이 아이를 낳아주었으니 고맙다고 생각해야지.' 하면서 사라의 기를 꺾고 자기를 보호해 주기를 기대했을 것입니다. 그런데 부부싸움은 하갈의 기대와는 정반대로 간단히 끝났습니다. 아브라함이 하갈을 보호하지 않기로 한 것입니다. 하갈이 여주인인 사라의 수중에 있음을 선언한 것입니다. "여종은 당신의 수중에 있소. 당신 눈에 좋을 대로 행하시오."

한편 아브라함의 이 말은 역설적이지만 아직도 그가 위대한 믿음의 조상으로서의 자질이 있음을 보여줍니다. 그는 자기의 아이를 임신한 젊은 아내보다도 조강지처의 손을 들어줌으로써 판단력에 있어서 조금도 흔들림이 없었음을 보여준 것입니다. 그리고 그동안 자기가 처신을 잘못했음을 인정하고 태도를 고치기로 작정한 것입니다. 만일 그가 하갈의 편을 들었다면 어떻게 되었겠습니까? 아브라함의 가정은 회복하기 어려웠을 것입니다.

이제 사라는 벼르던 대로 지체 없이 하갈을 학대하였습니다. 네가 임신하면 다인 줄 알았느냐, 하면서 가정의 기강을 잡으려고 한 것입니다. 그러자 그게 좀 심했던지, 절망한 하갈이 그만 도망하고 말았습니다. 집을 나가버린 것입니다. 이리하여 아브라함의 가정은 풍비박산이 나고 말았습니다. 자식 없는 문제를 해결하기 위하여 사라가 어렵게 고안했던 방안이 결국 가정을 온통 엉망으로 만들어버린 것입니다.

둘

감찰監察

아브라함의 가정은 기근으로 말미암아 애굽으로 내려갔을 때, 바로에게 아내 사라를 빼앗김으로써 첫 번째 위기를 겪었었습니다. 이제 세상 풍속을 따라 자녀를 얻으려고 하다가 두 번째 위기에 봉착하게 된 것입니다. 하나님의 방법을 제쳐놓고 세상 풍속을 따르는 것은 결코 문제의 해결이 못 된다는 것을 우리는 이번 사건을 통해서 알게 됩니다.

풍비박산이 난 아브라함의 가정을 수습시켜 주신 분은 첫 번째 위기에서와 마찬가지로 역시 하나님이셨습니다. 하갈이 도망하다가 목이 말라 광야의 샘물, 술 길 샘 곁에 앉았을 때 여호와의 사자가 그녀를 만나주었습니다. 하나님이 사자를 하갈에게로 파견하신 것입니다. 하나님이 아니면 도저히 수습이 안 될 지경이 되었기 때문입니다.

하나님의 사자가 물었습니다. "사라의 여종 하갈아, 네가 어디서 왔으며 어디로 가느냐?" 사자는 하갈의 신분과 형편을 잘 알고 있었습니다. 그러므로 이것은 몰라서 물은 것이 아니라, 하갈로 하여금 자신을 되돌아보도록 하기 위함이었습니다. 하나님은 자주 우리에게 이렇게 질문하십니다. 우리가 어디서 와서 어디로 가는지를 물으십니다. 우리는 이 질문에 언제든지 답변할 준비를 하고 있어야 합니다.

이것은 단순한 공간적인 대답을 요구하는 질문이 아닙니다. 우리의 고향이 어디며 집 주소가 어디냐고 묻는 것이 아닙니다. 오히려 우리의 인생길에 대한 질문입니다. 우리가 지금 어떤 인생의 길을 가고 있는지를 묻는 것입니다.

예수께서 말씀하셨습니다. "내가 곧 길이요, 진리요, 생명이니 나로 말미암지 않고는 하나님께로 갈 자가 없느니라."라고 말입니다. 이 말씀에서 우리는 우리의 길이 하나님을 찾아가는 길이 되어야 함을 알게 됩니다. 우리의 목적지는 하나님입니다. 우리는 어디서 와서 어디로 갑니까? 우리는 부모에게서 와서 하나님께로 가고 있다고 언제나 답변할 수 있어야 하겠습니다.

사자의 질문에 하갈이 대답합니다. "나는 내 여주인 사라를 피하여 도망하는 중입니다." 이 대답을 할 때 하갈은 설마 하나님이 자신의 편이 되어 주실 리가 있겠나 하며 염려하였을 것입니다. 하나님이 자기를 어떻게 혼내시겠는가 하는 불안이 엄습하였을지도 모릅니다. 아니나 다를까 사자는 말합니다. "네 여주인에게로 돌아가라. 그 수하에 복종하라." 하갈이 전혀 원하지 않는 말씀을 하신 것입니다. 하갈은 사자의 이 말을 듣고 앞이 캄캄했을 것입니다. 다시 돌아가는 것은 죽기보다 더 싫은 일이었기 때문입니다. 그러나 이것을 잘 아는 사자는 하갈을 설득합니다. "내가 네 씨를 크게 번성하여 그 수가 많아 셀 수 없게 하리라. 네가 임신하였은즉 아들을 낳으리니 그 이름을 이스마엘이라 하라. 이는 여호와께서 네 고통을 들으셨음이니라." 이것은 그동안 사라의 몸종으로만 살아오던 하갈에게는 깜짝 놀랄 만큼 더없이 큰 복음이었습니다.

이 말씀을 듣고 하갈은 틀림없이 큰 위로를 느꼈을 것입니다. 아브라함과 사라의 하나님이 자기 같은 여종도 생각해 주시는구나 하고 감격했을 것입니다. 더구나 자기의 자손을 번성하게 해주시겠다는 말씀이 너무나 감사했습니다. 그래서 그녀는 하나님을 '나를 살피시는 하나님', '감찰하시는 하나님'이라고 불렀습니다.

하나님은 사라의 하나님일 뿐 아니라, 또 하갈의 하나님, 곧 자기의 하나님이시기도 한 것을 알았습니다. 그리하여 그녀는 하나님의 권면을 따라 집으로 돌아갑니다. 그녀는 절망 가운데 가출했지만 이제 희망을 안고 돌아간 것입니다. 그녀가 다시 돌아감으로써 아브라함의 가정은 위기를 모면하고 안정을 되찾게 되었습니다.

셋

이스마엘

우리는 하나님이 하갈을 만나시고 그녀에게 희망을 보여주신 것에 대해 깊이 생각해야 하겠습니다. 하갈은 하나님의 구속의 역사의 주인공은 아니었습니다. 그저 주변 인물에 불과했습니다. 그러나 하나님은 그녀에게도 하나님이 되어주셨습니다. 그녀의 고통을 들어주셨습니다. 주인공이 아니라도 하나님은 다 살피시고 들어주시는 분입니다. 하나님은 결코 불공평한 분이 아니십니다.

아브라함의 나이 86세 때에 하갈이 이스마엘을 낳았습니다. 이스마엘은 하나님이 들으신다는 뜻입니다. 이스마엘의 출생을 통해서 하나님은 들어주시는 분임을 계시하신 것입니다. 우리의 고난을 살펴주시고 고난 가운데서 부르짖는 소리를 들어주시는 분임을 밝히신 것입니다.

우리가 알다시피 이스마엘은 아랍 족속의 조상입니다. 현대 세계의 전쟁은 크게 보면 이삭 파와 이스마엘 파의 전쟁이라고 할 수 있습니다. 하나님은 이미 이스마엘 족속의 운명에 대해 예언하셨습니다. "그가 사람 중에 들나귀 같이 되리니 그의 손이 모든 사람을 치겠고, 모든 사람의 손이 그를 칠지며, 그가 모든 형제와 대항해서 살리라." 이 예언은 그 후 이천 년이 지난 후 그대로 이루어졌습니다. 이삭의 후손인 기독교의 나라들과 이스마엘의 후손인 이슬람 국가들이 늘 긴장하며 일촉즉발의 위기 가운데 세계 역사가 진행되고 있는 것입니다.

여기서 우리가 잘 생각해야 할 것은 하나님은 이스마엘의 하나님도 되신다는 사실입니다. 우리가 기독교 신자라 해서 무조건 기독교 국가만을 편들거나 이슬람 국가들을 무조건 적으로 돌리는 것은 결코 하나님의 뜻이 아닙니다. 하나님은 이삭의 후손을 통해서 세상을 구원할 메시아를 보내셨습니다. 그런데 그 메시아는 이삭의 후손들만을 위한 것이 아니라 이스마엘의 후손들을 위한 메시아이기도 하며, 나아가 모든 세상 사람들의 메시아입니다.

하나님은 모든 사람의 하나님이시고, 특별히 고난의 음성을 듣고 살피시는 분입니다. 그러므로 우리가 만일 하나님의 편에 서겠다면 하나님처럼 고난 받는 자들의 현실을 살피고 그들을 위해 기도하고 도움의 손길을 뻗

쳐야 마땅한 일인 것입니다. 우리는 하나님의 마음을 가지고 이 세상에서, 특히 우리 주위에서 고통을 겪으며 사는 사람들이 누구인지 살펴보아야 할 것입니다.

창세기 16장은 신앙의 행로에서 자주 실수하는 우리에게 큰 교훈을 주고 있습니다. 아브라함도 실수했고, 사라도 실수했고, 하갈도 실수했습니다. 아브라함과 사라는 하나님의 약속을 진득하게 기다리지 못하고 세상의 풍속을 좇아 문제를 해결하려다 큰 낭패를 초래했습니다. 하갈은 은혜를 잊어버리고 자기분수를 잊어버리는 경망스러운 행동을 하다가 큰 낭패를 겪었습니다. 그러나 하나님은 고통 중에 있는 사람들의 음성을 들어주시고 가정과 공동체의 위기를 해결해 주시는 분입니다. 이 하나님은 그때나 오늘이나 영원히 동일한 하나님이십니다. 우리는 이러한 하나님을 닮은 사람, 그리스도의 형상에 이르기까지 오늘도 내일도 힘써 신앙의 여정을 걸어가야 하겠습니다.

언약 言約

창 17:1-27

하나님은 약속의 하나님입니다. 하나님은 인간을 창조하셨을 뿐 아니라, 인간과 일정한 관계 가운데 계시기를 원하십니다. 그리고 그 관계는 바로 약속으로 맺어진 관계입니다. 그것을 언약 혹은 계약이라고도 부릅니다. 하나님께서 한갓 피조물에 불과한 인간을 언약의 대상으로 부르시는 자체가 말할 수 없는 은혜입니다. 창세기 17장에서 우리는 약속하시는 하나님과 그 약속을 믿고 살고자 하는 아브라함의 모습을 관찰하게 됩니다. 이것을 통해서 우리를 언약의 파트너로 삼아주시는 하나님을 깊이 생각하게 되기를 바랍니다. 또 오늘 우리에게 주시는 언약은 무엇인지에 대하여, 그리고 언약을 받은 우리는 어떤 사람이 되어야 마땅한지도 아울러 생각함으로써, 우리가 어떻게 놀라운 은혜 가운데 살고 있는 존재인지 깊이 깨닫게 되기를 바랍니다.

하나

전능한 하나님

16장에서 한바탕 가정 문제가 발생했었는데, 이제 17장으로 넘어오면 아브라함의 나이가 99세가 됩니다. 13년이란 세월이 흐른 것입니다. 하나님은 99세 된 아브라함에게 나타나셔서 말씀하셨습니다. "나는 전능한 하나님이라. 너는 내 앞에서 행하여 완전하라. 내가 내 언약을 나와 너 사이에 두어 너를 크게 번성하게 하리라."

하나님은 자신을 전능한 하나님이라 하시고, 아브라함에게는 행하여 완전하라고 하셨습니다. 전능이란 말과 완전이란 단어가 등장합니다. 하나님께서 자신을 이렇게 소개하신 것은 그렇게 하셔야 할 이유가 있었기 때문입니다. 곧 아브라함이 하나님의 전능성에 대해서 의심을 가지게 되었고, 또 완전하게 살지 못하고 있기 때문입니다.

아마 아브라함은 하나님이 전능하시다면 왜 아직도 사라에게 자식을 주시지 않으실까, 그런 생각을 했을 것입니다. 아브라함이 완전하지 못한 삶을 살고 있었다는 것은 하나님의 약속에 대한 기대가 식어버렸음을 의미합니다. 아브라함은 더 이상 사라로부터 아들을 기대하지 않게 되었습니다. 그 증거가 17, 18절에 나타납니다. "사라에게 아들이 있으리라."는 하나님의 말씀을 듣고 아브라함은 웃으면서 속으로 이렇게 말했습니다. '백 세 된 사람이 어찌 자식을 낳을까? 사라는 구십 세니 어찌 출산하리요?'

그는 자기와 아내가 나이가 이렇게 많으니 자식을 주신다는 하나님의 약속은 이제 물 건너갔다고 생각하였습니다. 그래서 말하기를, "이스마엘이나 하나님 앞에 살기를 원합니다."라고 했습니다. 사라에게서부터 아들을 기대하지 않습니다, 하갈을 통해 이미 주신 이스마엘이나 잘 살게 되었으면 좋겠습니다, 이것이 아브라함의 마음이었습니다. 그는 그런 마음으로 살고 있었던 것입니다. 이것은 하나님 앞에서 용납될 수 없는 일이었습니다.

하나님은 자신을 '전능한' 하나님이라고 하셨습니다. 여기서의 전능은 약속하신 바를 반드시 이루신다는 뜻입니다. 그런데 아브라함은 약속을 반드시 이루시는 전능한 하나님을 믿지 못하고 그저 이스마엘로서 만족하려는 현실 타협적인 태도를 취하고 있었습니다. 아브라함의 이런 태도를 우리는 이미 15장에서 발견한 바 있습니다. 그는 자식을 더 이상 기다리지 않고 그저 다메섹 사람 엘리에셀을 상속자로 삼고 말겠다는 마음을 품었었던 것입니다. 그때 하나님께서 그 사람은 너의 상속자가 아니라고 강하게 말씀하심으로써 생각을 고쳐먹고 앞으로는 차선이 아니라 최선을 추구하는 삶을 살겠노라고 다짐했었습니다. 그러나 이십 년 가까운 세월이 흐르는 가운데 다시 이전과 비슷한 타협적인 태도를 취하게 된 것입니다.

우리는 이처럼 한번 결심한다고 해서 끝까지 갈 만큼 심지가 굳센 사람들이 아닙니다. 믿는 자들의 조상으로 불리는 아브라함조차도 그러했던 것을 생각하고 자만하지 말아야 하겠습니다. 그러나 어쨌든 이스마엘이나 잘 살게 해달라고 기도하는 아브라함의 모습은 하나님의 마음에 들지 않았습니다. 그래서 하나님은 그에게 행함에 있어서 완전하라고 하신 것입니다. 하나님은 아브라함의 이런 느슨한 태도를 받아들이지 않으셨습니다.

하나님은 당신의 말씀, 당신의 약속을 100% 수행하려고 하신 것입니다. 하나님은 정확하신 분입니다. 하갈에게서 이스마엘을 얻었으니 그것으로 만족해라, 그렇게 적당히 살아야지, 어떻게 문자적으로 약속을 다 지키라고 요구할 수 있느냐, 이렇게 말씀하시는 분이 결코 아니라는 것입니다.

아브라함은 하나님의 말씀을 듣고 엎드렸습니다. 말씀을 받아들인다는 뜻입니다. 그러자 하나님께서 말씀을 계속하셨습니다. 하나님은 아브라함을 여러 민족의 아버지가 되게 하겠다고 하셨습니다. 그 증거로 이름을 아브라함으로 고쳐주셨습니다. 지금까지의 이름은 아브람이었습니다. 그리고 가나안 온 땅을 아브라함과 그의 후손에게 영원한 기업으로 주시겠다고 하셨습니다. 그리고 그들의 하나님이 되시겠다고 하셨습니다. 이것이 하나님께서 아브라함에게 주신 약속입니다.

아브라함은 이 약속을 믿음으로 받아들입니다. 이것을 믿음으로 받아들임으로써 하나님과 아브라함 사이에 하나님과 그의 백성이라는 관계가 성립됩니다. 만약 이 약속을 믿지 않으면 하나님과 아브라함은 아무 관계도 없는 남남이 되는 것입니다.

우리도 마찬가지입니다. 하나님과 우리의 관계도 약속의 말씀에 의해 이루어집니다. 우리가 하나님의 약속 곧 그 말씀을 믿고 우리의 것으로 받아들이면 하나님은 우리의 하나님이요, 우리는 하나님의 백성이 됩니다. 그러나 약속을 듣고도 믿지 않으면 아무 관계도 없는 남남이 되는 것입니다.

형식적으로 예배를 드린다고 하나님의 백성이 되는 것이 아닙니다. 형식적으로 세례를 받고 성찬식에 참여한다고 되는 것이 아닙니다. 형식적으로 찬송하고 형식적으로 기도하고 형식적으로 헌금한다고 하나님의 백성이 되는 것이 아닙니다. 약속을 믿는 믿음이 필요합니다. 믿지 않으면 아무것도 아닙니다. 믿고 그리고 믿음으로 행동할 때 우리의 삶이 하나님 앞에서 완전해지는 것입니다.

둘

할례 割禮

엄청난 약속을 하신 하나님은 이제 아브라함에게 할례를 요구하셨습니다. 할례는 하나님과 아브라함 및 그의 자손들 사이에 지킬 약속의 표징이라고 하셨습니다. 하나님의 약속을 믿으며 사는 사람이냐 아니면 그 약속을 배반하는 사람이냐 하는 것은 할례를 받느냐 받지 않느냐에 달려 있다고 말씀하셨습니다.

말씀을 다 마치신 후에 하나님은 아브라함을 떠나 올라가셨습니다. 하나님으로서는 하실 일을 다 하신 것입니다. 이제 남은 것은 아브라함의 태도입니다. 아브라함이 어떻게 하느냐 하는 것입니다. 아브라함은 하나님이 자기에게 말씀하신 대로 그날, 자기와 자기 아들 이스마엘과 자기 집의 모든 남자들로 하여금 할례를 받게 하였습니다. 이는 그가 하나님의 약속을 받아들이고, 그 약속을 믿음으로 사는 백성이 되겠다는 것을 행동으로 보여준 것입니다.

우리는 여기서 하나님께서 왜 할례를 요구하셨는가를 생각해야 하겠습니다. 그것은 아브라함으로 하여금 하나님 앞에서 행하여 완전하게 하도록 하기 위함이었습니다. 완전은 하나님의 약속을 조금도 의심하지 않고 믿는 것입니다. 약속을 기다리는 것입니다. 약속에 어긋나는 행동을 하지 않는 것입니다.

아브라함의 문제는 하나님의 말씀을 들을 때는 잘 믿다가 곧 잊어버리는 것입니다. 다시 의심하는 것입니다. 그래서 그가 약속을 늘 기억하고 잊어버리지 않도록 하기 위해서 하나님은 무슨 조치를 하셔야 할 필요가 있었습니다. 그것이 바로 할례였습니다. 아브라함의 살에다가 그 약속을 새겨놓음으로써 결코 잊어버리지 않도록 하는 것이었습니다. 13절, "내 언약이 너희 살에 있어 영원한 언약이 된다."라고 하셨습니다. 이제 아브라함은 날마다 자기 살을 보고 거기에 새겨진 하나님의 언약을 기억할 수 있게 될 것입니다.

아브라함은 잘 인식하지 못했을지 모르나 할례는 육체를 신뢰하지 않는다는 의미를 내포하고 있습니다. 바울은 할례를 육의 몸을 벗는 것으로 해석하였습니다(골 2:11). 나중에 유대인들이 할례의 의미를 왜곡하여 육체를 신뢰하는 근거로 삼았던 것을 바울은 날카롭게 비판하였습니다. 육체의 살을 잘라냄으로써 육체는 신뢰할 대상이 못 된다는 것을 상징적으로 나타낸 것이 할례인 것입니다.

뿐만 아니라 할례에는 메시아에 대한 약속도 내포되어 있습니다. 할례는 생식기관의 살을 자르는 것인데, 이로써 아브라함의 씨를 통하여 특별한 자손, 곧 메시아가 태어날 것을 예시한 것입니다. 이것은 좀 지나친 해석으로 여겨질지 모르나 하나님께서 일부러 태어난 지 팔일 만에 할례를 받으라고 하신 것과 연관해서 생각하면 수긍이 될 것입니다. 팔일은 안식후 첫날입니다. 이것은 부활을 상징하고, 재창조, 새창조를 상징하며, 새로운 시작을 의미합니다. 바로 메시아 예수 그리스도를 가리키고 있는 숫자인 것입니다.

유대인들이 할례를 지키다가 메시아의 십자가 대속과 부활 이후에는 더이상 할례를 지키지 않아도 된 것은 하나님의 섭리입니다. 할례는 자연스럽게 세례의식으로 바뀌었는데, 그 이유는 세례가 할례보다도 대속적 죽으심과 부활을 더욱 잘 상징하기 때문입니다.

구약의 시대에서 할례는 언약의 백성이라는 표입니다. 교회의 세례의식에 해당합니다. 할례를 받음으로써 사람들은 하나님의 약속을 받은 백성이라는 자기의식을 가지게 되었습니다. 그와 마찬가지로 세례를 받음으로써 하나님의 구원의 은혜 안에 들어온 하나님의 백성이 되었음을 의식하게 됩니다.

할례는 그 흔적이 살에 있기 때문에 날마다 몇 번씩 하나님의 언약을 상기하게 됩니다. 그와 마찬가지로 우리는 세례 받은 사람이라는 것을 항상 기억할 필요가 있습니다. 세례 자체에 의미가 있는 것이 아니라, 세례가 상징하는 것, 곧 우리가 이제는 하나님의 백성이 되었다는 사실을 알고 하나님의 백성답게 신앙의 여정을 온전히 걸어가는 것이 중요합니다.

사실 할례 그 자체는 아무것도 아닌 그저 형식에 불과합니다. 거기에 내용이 들어가지 않으면 아무런 가치가 없습니다. 할례라는 형식 안에 담긴 내용은 하나님의 약속입니다. 약속을 믿고 기억하는 것입니다. 신명기 10:16에는 "너희는 '마음에' 할례를 행하고 다시는 목을 곧게 하지 말라"라는 말씀이 있습니다. 목을 곧게 한다는 것은 하나님의 말씀에 복종하지 않고 자기 뜻대로 산다는 것입니다.

육체적인 할례를 받아도 목이 곧은 백성이 되어서는 하나님의 백성이라고 할 수 없습니다. 그러므로 '마음'에 할례를 받으라고 한 것입니다. 로마서 2:28-29에서 바울은 이 말씀을 인용하여 할례를 마음에 받아야 한다고 가르쳤습니다. 마음의 할례는 다름 아닌 믿음을 의미합니다. 곧 하나님의 약속을 굳게 믿는 것을 가리킵니다.

셋

아브라함

하나님의 약속은 우리의 생각보다 스케일이 큽니다. 아브라함의 생각보다도 하나님의 약속은 훨씬 더 컸습니다. 그것은 이름을 바꾸어주시는 장면에서 잘 나타납니다. 아브람이라는 원래 이름의 뜻은 '큰 아버지', '여러 사람의 아버지' 라는 뜻입니다. 이 이름 속에 그의 평소의 소원이 들어 있었을 것입니다. 그의 꿈은 하나의 평범한 소시민이 가짐직한 아기자기한 행복이었습니다. 아브라함은 큰 아버지로서, 한 가정의 훌륭한 아버지로서 사는 행복한 꿈을 꾸고 있었습니다. 그러기 위하여 토끼 같은 자식들이 필요했습니다.

그런데 하나님께서 아브라함에게 주신 꿈은 그런 작은 것이 아니었습니다. 하나님은 그의 이름을 '아브라함'이라고 고쳐주셨습니다. '많은 민족의 아버지'라는 뜻입니다. 하나님은 아브라함이 한 가정의 훌륭한 아버지 노릇을 하는 것을 훨씬 뛰어넘어서, 많은 민족의 조상이 되기를 원하셨던 것입니다. 그리고 마침내 아브라함은 하나님의 원대한 계획대로 수많은 민족의 조상이 되었습니다. 오늘날 유대인들의 조상이요, 아랍인들의 조상이요, 그리고 개신교와 천주교를 포함한 모든 기독교도들의 아버지가 되었습니다.

사래는 '나의 공주'라는 뜻입니다. 예쁘장한 이미지를 보여줍니다. 그처럼 사래는 처녀 때부터 예쁘장한 모습으로 성장하고 그렇게 살기를 바랐을 것입니다. 훌륭하고 멋진 남자 아브람의 아내가 되어서 남편의 사랑을 듬뿍 받으면서, 아들 딸 낳고, 동화에 나오는 왕자와 공주처럼 오손도손 아기자기하게 살아가는 모습을 꿈꾸며 살았을 것입니다.

그러나 하나님은 사래가 그런 소녀적인 꿈을 벗어버리고 원대한 꿈을 꾸기를 원하셨습니다. 사래가 아니라 '사라'라고 하라 하셨습니다. 사라는 여주인이란 의미입니다. 자기 지아비와 알콩달콩 살아가는 예쁘장한 공주가 아니라 중전마마가 되어 만백성의 애환을 가슴에 품고 위로하며 그들을 이끌고 가는 희망의 나라, 하나님의 나라로 행진해 가는 모든 민족의 어머니로서의 역할을 원하신 것입니다.

하나님의 약속은 인간의 생각보다도 훨씬 더 원대합니다. 우리가 우리의 앞길을 스스로 만들어가는 것보다는 하나님이 주시는 약속 가운데서 살아가는 것이 훨씬 더 원대한 길입니다. 그러므로 우리는 성경을 열심히 읽어야 합니다. 성경 속에서 하나님이 나에게 주신 약속이 무엇인가 찾아야 합니다. 그리고 그 약속을 굳게 믿고 날마다 기억하고 되새기면서 살아야 합니다. 그리할 때 우리는 진실로 하나님의 경륜 속에 있는 사람이요 하나님 나라의 백성이 됩니다. 하나님의 약속이 우리 마음에 살아 있을 때, 하나님은 우리의 하나님이요, 우리는 영원한 하나님의 생명을 함께 누리는 하나님의 자녀가 되는 것입니다.

넷

언약의 파트너

이번 여정의 주제는 언약입니다. 언약, 계약, 약속 등은 모두 같은 의미로 사용됩니다. 언약의 대표적인 예는 결혼입니다. 서로 아무 관계가 없던 한 남자와 한 여자가 결혼이라는 언약을 통해서 서로에 대해서 남편과 아내가 됩니다. 서로에 대하여 의무와 권리가 부여됩니다. 인간관계는 거미줄 같이 엮어진 언약들을 통해서 형성되어 있습니다. 인생의 과제는 이 관계를 잘 만들고 잘 유지해 나가는 것이라고 할 수 있습니다.

사람들 사이의 언약은 하나님과 사람 사이에 있는 언약에서 나왔다고 할 수 있습니다. 언약은 하나님의 아이디어입니다. 세계를 창조하신 하나님은 세계를 다스리는 자로 사람을 창조하시고, 사람과 일정한 언약을 맺으심으로써 이 세계가 하나님의 뜻을 따라 존재하기를 원하셨습니다. 그러므로 하나님의 세계 경영에 있어서 인간은 특별히 중요한 존재입니다. 그래서 하나님은 인간을 하나님의 형상대로 창조하심으로써 하나님과 언약을 맺을 수 있는 존재, 곧 언약의 상대가 되게 하신 것입니다. 그래서 신학자 바르트(K. Barth)는 인간을 하나님의 언약의 파트너라 하였습니다. 피조물 가운데 하나님의 언약의 파트너가 되는 존재는 유일하게 인간입니다. 인간의 존엄성의 근거는 바로 여기에 있습니다. 인간은 하나님의 언약의 상대라는 점에서 존엄한 존재입니다. 인간은 만군의 하나님과 일정한 언약 안에 있는 존재로서 그 언약을 지키는 한 하나님께서 전적으로 책임을 지시는 존엄한 존재가 됩니다. 그러나 만약 언약을 저버리면 인간은 존재의 이유를 상실하게 되는 것입니다.

하나님은 약속을 하시는 분이고, 인간은 그 약속을 믿어야 하는 존재입니다. 하나님은 말씀하시고 인간은 그 말씀을 믿고 순종함으로써 하나님이 원하시는 바른 관계, 언약관계가 형성됩니다. 이 관계가 잘 형성되고 유지되면 인간은 행복한 존재가 되고 만일 이 관계가 깨어지게 되면 그로 인해 바로 불행으로 이어집니다. 우리의 근본적인 행복과 불행은 하나님의 약속을 듣고 얼마만큼 그에 합당한 삶을 사는가, 거기에 달려 있습니다.

하나님은 아브라함에게 처음부터 언약의 하나님으로 나타나셨습니다. 창세기 12장에서 아브라함을 부르실 때 하나님은 약속의 말씀으로 임하셨습니다. "내가 너로 큰 민족을 이루고 네게 복을 주어 네 이름을 창대하게 하리니 너는 복이 되리라." 아브라함이 믿고 순종해야 할 말씀이었습니다. 곧 고향과 친척과 아버지의 집을 떠나서 하나님이 보여줄 땅으로 가야 했습니다. 아브라함이 가나안 땅에 도달했을 때 하나님은 약속하셨습니다. "내가 이 땅을 네 자손에게 주리라." 이 약속도 무조건적인 것은 아니었습니다. 아브라함이 하나님의 말씀을 순종한다는 전제에서 주어진 것입니다.

13장에서 아브라함이 롯을 떠나보낸 후 실의에 잠겨 있을 때 하나님께서 오셔서 말씀하십니다. "너는 눈을 들어 너 있는 곳에서 북쪽과 남쪽 그리고 동쪽과 서쪽을 바라보라. 보이는 땅을 내가 너와 네 자손에게 주리니 영원히 이르리라." 이 말씀도 물론 순종을 전제로 하신 말씀입니다. 하나님은 로봇에게 언약하시는 분이 아닙니다. 의지로 결심하고 순종할 수 있는 존재인 인간에게 말씀하시는 것입니다.

창세기 15장에서도 하나님은 아브라함에게 언약하셨습니다. "하늘을 우러러 뭇별을 셀 수 있나 보라. 네 자손이 이와 같으리라." 또 그날 밤에 장엄한 분위기에서 언약하셨습니다. "내가 이 땅을 애굽 강에서부터 그 큰 강 유브라데까지 네 자손에게 주노라." 이때 하나님은 아브라함에게 일방적으로 언약을 주신 것같이 보이지만 그렇지 않습니다. 아브라함의 믿음이 전제되어 있습니다.

하나님은 언약을 주시고 그것을 믿음으로, 순종으로 받아들이는 자에게 그 언약이 이루어지게 하시는 분입니다. 그것이 가장 잘 나타나 있는 본문이 바로 17장인 것입니다. 여기서 하나님은 비로소 완전한 형식을 갖춘 언약을 주셨습니다. 바로 할례를 요구하신 것입니다. 할례는 하나님의 언약을 믿고 잊지 않겠다는 인간 편에서의 약속의 징표입니다. 만약 할례를 받지 않는 자가 있다면 그는 하나님의 언약에서 제외된다고 분명하게 말씀하신 것입니다. "할례를 받지 아니한 남자 곧 그 포피를 베지 아니한 자는 백성 중에서 끊어지리니, 그가 내 언약을 배반하였음이니라"(창 17:14).

언약은 쌍방의 것입니다. 물론 하나님과 인간의 언약에 있어서 주도권은 하나님에게 있습니다. 하나님이 발의하시고, 추진하시고 이루십니다. 인간이 아무것도 안 해도 되는 것은 아닙니다. 인간은 믿고 순종해야 합니다. 물론 믿게 하시고 순종하게 하시는 분은 하나님입니다. 인간은 스스로 믿을 수도 순종할 수도 없습니다. 믿을 수 있도록 하나님이 다 만들어주십니다. 하나님은 그렇게 북치고 장구치고 하시면서 밥상을 다 차려주시고, 인간에게는 거기에 숟가락 하나 얹으라고 하신 것입니다. 그러면 함께 먹을 수 있다고 말입니다. 그 숟가락 얹을 마음도, 힘도 하나님이 주십니다. 그럼에도 불구하고 그것까지 거부하는 자에게는 국물도 없는 것입니다.

아브라함의 하나님은 예수 그리스도를 통하여 우리의 하나님이 되셨습니다. 예수 그리스도 안에서 우리는 하나님의 언약의 백성이 되었습니다. 우리가 예수님을 믿기만 하면, 예수 그리스도 안에 있으면, 우리는 확실한 약속을 가진 하나님의 백성으로서 영원한 하나님의 나라에서 영원히 살 것입니다. 그러므로 우리는 아브람이 아닌 아브라함처럼, 사래가 아닌 사라처럼, 하나님의 원대한 경륜 가운데 쓰임 받는 인생을 살아가도록 기도해야 하겠습니다.

세상 世上

창 18:1-33

인격의 성숙이란 자기 중심의 삶에서 타자 중심의 삶으로 얼마나 변화되었는가를 보고 알 수 있다는 말이 있습니다. 그래서 어떤 종교학자는 고등종교와 하등종교의 분별을 거기에서 찾는다 하였습니다. 모든 고등종교는 그 지향하는 바가 자기를 버리고 남을 위하는 데 있다는 것입니다. 참된 신앙인 기독교가 지향하는 인생은 남을 위하고, 세상을 위한 인생입니다. 예수님의 삶은 남을 위한 삶(being for others)이었습니다. 아브라함의 신앙의 여정도 예외가 아닙니다. 그는 자기를 위한 삶에서 남을 위한 삶으로 지향점이 바뀌어 갔습니다. 창세기 18장에서 우리는 그것을 잘 관찰할 수 있습니다.

하나

손님 대접

아브라함은 자기 집을 찾아온 나그네들을 정성껏 대접합니다. 여기에서 눈에 띄는 단어들은 '급히, 속히, 고운 가루, 달려가서, 기름지고 좋은 송아지, 모셔 서매' 등입니다. '급히', '속히', '달려가서' 등은 대접하는 자로서의 민첩한 모습을 나타냅니다. 반가운 손님이 왔을 때, 그를 잘 대접하고자 부지런하게 이것저것 챙기는 모습입니다. 달갑지 않은 손님이라면 대접할 마음이 없어지고 그러면 자연히 행동도 느려질 것입니다.

'고운 가루,' '기름지고 좋은 송아지' 등은 최선의 것으로 대접하는 모습을 표현합니다. 자기 집에서 가장 좋은 것을 찾아서 대접하였던 것입니다. '나무 아래 모셔 섰다' 는 것은 겸손하고 정성스러운 모습을 보여주고 있습니다. 아브라함 집에 찾아온 손님이 보통 손님이 아니라는 것을 감안하더라도, 이것은 평소 아브라함의 손님 대접의 모습을 엿보게 하는 대목입니다. 그래서 히브리서 13:2에서는, "손님 대접하기를 잊지 말라. 이로써 알지 못하는 사이에 천사들을 대접한 이들이 있었느니라."라고 권면하였습니다. 아브라함이 평소에 손님 대접을 잘하였기 때문에 천사들을 대접하는 기회를 얻을 수 있었다는 말씀입니다.

손님 또는 나그네를 잘 대접하는 것은 성경의 중요한 윤리적 가르침입니다. 손님을 맞이하여 내가 가진 가장 좋은 것을 제공하며 그를 편안하고 유쾌하게 만드는 것은 전형적인 이웃 사랑입니다. 손님을 나의 보금자리로 맞이하여 정성껏 섬김으로 우리의 타고난 이기심이 깨뜨려지고 마음과 마음이 오고가는 사랑의 교제가 깊어지게 되는 것입니다.

여기서 중요한 것은 이 사건이 아브라함의 평소의 삶의 모습을 보여준다는 것입니다. 나그네에게 최선을 다하는 모습이 바로 그것입니다. 그는 나그네를 귀찮은 존재로 여기지 않았습니다. 나그네의 입장에서 생각했습니다. 편안한 자기 집을 떠나 먼 길을 가는 여정에서 얼마나 피곤하고 불편을 느끼겠는지를 생각했습니다. 그래서 나그네가 편히 쉬고 힘을 얻을 수 있도록 자기의 가진 것으로 최선을 다해 섬겼습니다.

우리는 아브라함이 그 나그네들이 특별한 사람, 곧 하나님의 천사라는 것을 알았기 때문에 그렇게 했겠지라고 생각하기 쉽습니다. 그 나그네들을 잘 섬기면 무언가 좋은 것을 얻을 수 있으리라 생각하고 그렇게 했겠지하고 말입니다. 세상 사람들이 다른 사람들에게 친절을 베풀 때는 대개 무언가 얻고자 하는 목적이 있기 때문입니다. 그런데 본문의 아브라함에게는 그런 것이 전혀 느껴지지 않습니다. 히브리서 기자가 말한 것처럼, 그는 그들의 신분이 무엇인지 모르는 가운데 최선을 다해 섬겼습니다.

아브라함이 왜 그렇게 했을까요? 그것은 무슨 얻고자 하는 목적이 있었던 것이 아니라, 그것이 아브라함의 생활이었기 때문입니다. 아브라함은 남들로부터 무엇을 얻어내고자 하는 삶이 아니라 순수하게 베풀고 섬기는 삶을 살고 있었던 것입니다. 아브라함의 이런 삶에 대해서 조금 후에 다시 다루기로 하고, 지나가는 길에 본문이 제공하는 재미있는 에피소드를 살펴봅시다.

둘

네가 웃었느니라

나무 그늘 아래에서 식사를 하는 중에 그 세 손님들이 누구인가를 아브라
함은 정확하게 알게 되었습니다. 한 분은 여호와 하나님이고 다른 두 분
은 천사였습니다. 하나님께서 아브라함에게 물으십니다. "네 아내 사라가
어디 있느냐?", "장막에 있나이다."라고 아브라함이 대답했습니다. 사라
는 장막에서 아마 디저트를 준비하고 있었던가 봅니다. 그러자 하나님께
서 말씀하셨습니다. "기한이 이를 때에 내가 정녕 네게로 돌아오리니 네
아내 사라에게 아들이 있으리라." 하나님과 아브라함의 이 대화를 사라가
장막 문에서 들었습니다.

이때 이미 부부는 나이가 많아 늙었고, 특히 사라는 경수가 끊어진지 오래 되었습니다. 경수가 끊어졌다는 것은 이제 더 이상 자식을 가질 수 없게 되었다는 것임을 사람들은 다 알고 있을 것입니다. 그래서 사라가 속으로 웃었습니다. 아마 하나님께서 나의 경수가 끊어졌다는 사실을 모르시는가 보다, 이와 같이 사적인 것을 하나님인들 어찌 알 수 있겠는가, 하는 생각을 했었는지도 모르겠습니다. 사라는 혼잣말처럼 중얼거렸습니다. "내가 노쇠하였고 내 남편도 늙었는데 어찌 낙이 있으리요." 이제는 자식을 낳아서 키우는 즐거움을 누리는 것은 불가능하다는 뜻입니다.

그러자 하나님께서 곧 아브라함에게 말씀하셨습니다. "사라가 왜 웃으며 이르기를, 내가 늙었거늘 어떻게 아들을 낳으리요 하느냐? 여호와께 능치 못한 일이 있겠느냐? 기한이 이를 때에 내가 네게로 돌아오리니 사라에게 아들이 있을 것이니라." 하나님의 이 말씀이 사라에게 들린 것은 말할 것도 없습니다. 하나님은 사라가 들으라고 이 말씀을 하신 것입니다. 사라가 하나님이 전능하신 분임을 잊어버리고 있음을 지적하신 것입니다. 하나님은 사라의 믿음에 문제가 있다는 것을 진작부터 아시고 그것을 고쳐주시기 위하여 일부러 방문하셨지 않나 싶습니다.

사라는 화들짝 놀랐습니다. 자기가 속으로 한 말이 하나님께 들릴 줄은 전혀 생각하지 못했기 때문입니다. 더구나 하나님의 말씀을 듣고 웃었다는 것은 하나님을 모욕하는 것으로 오해될 수 있습니다. 그래서 그녀는 당황한 나머지 이렇게 말했습니다. "내가 웃지 아니하였나이다." 하나님은 대답하셨습니다. "아니라, 네가 웃었느니라."

하나님과 사라 사이에 웃었다 웃지 않았다 하는 우스운 공방전이 벌어졌습니다. 물론 하나님의 말씀이 옳겠지만, 웃지 않았다고 하는 사라의 말도 완전히 거짓말은 아니라고 이해해 줘야 되겠습니다. 그녀가 어찌 감히 하나님께 거짓말을 하겠습니까? 그녀는 속으로 웃은 것이니까, 보통 말하는 그런 웃음을 웃은 것은 아니지 않느냐라는 뜻으로 웃지 않았다고 말한 것일 겁니다. 그러나 하나님은 아니라고, 그런 변명을 하지 말라고 하셨습니다. 네가 웃은 것을 시인하라는 말씀입니다. 속으로 웃어도 웃은 것은 웃은 것이다. 겉으로 웃은 것과 무슨 차이가 있느냐, 네가 웃었다는 것을 솔직하게 인정하는 것이 필요하다는 뜻입니다.

어떻게 보면 웃었나 안 웃었나 하는 것을 따지고 계신 하나님이 하나님답지 않은 것 같습니다. 천지를 창조하시고 모든 역사를 경영하시는 하나님이, 할머니 한 사람하고 무슨 그런 하찮은 일에 신경을 쓰시며 따지고 계시느냐 하고 충고하고 싶은 상황이기도 합니다. 그러나 하나님이 그렇게 하신 데에는 뜻이 있었습니다. 사라의 웃음에는 하나님의 약속에 대한 불신이 스며들어 있었기 때문에 그것을 교정하지 않으면 안 되었던 것입니다. 네가 왜 웃었느냐는 말씀은 네가 왜 전능하신 하나님의 말씀을 믿지 않느냐라고 우회적으로 책망하신 말씀이었던 것입니다.

아브라함에게 아들을 주시겠다는 약속이 이루어지려면 아브라함에게 믿음이 있어야 합니다. 그런데 아들을 낳을 자는 사라이므로 여기에는 아브라함뿐 아니라 사라에게도 믿음이 요구되었습니다. 사라는 지금 하나님의 약속에 대한 믿음이 없었습니다. 그녀는 자기의 경수가 끊어졌기 때문에 더 이상 하나님께 기대하지 않았습니다. 그러므로 하나님은 그녀를 찾아와서 믿음을 회복시켜 주시지 않으면 안 되었던 것입니다. 아브라함이 아무리 좋은 믿음을 가지고 있어도 사라에게 믿음이 없다면 아무것도 안 되는 것입니다. 그래서 하나님은 아브라함의 집을 친히 방문하셨고, 또 사라의 웃음을 시빗거리로 삼아서 그녀에게 전능하신 하나님을 믿을 것을 다시 한 번 확실히 요구하신 것입니다.

하나님은 우리의 실없는 웃음조차도 그것이 불신에서 나온 것이라면 지적해 주시고 교정해 주시는 분입니다. 내가 혹시 사라처럼 아무도 모르는 줄 알고 속으로 웃었다면, 그것이 하나님 앞에서 어떤 의미가 있을지 한 번 더 생각해 볼 필요가 있습니다. 웃든지, 울든지, 농담을 하든지, 우리는 하나님을 믿는 믿음, 하나님의 말씀을 믿는 믿음에서 어긋나지 말아야 할 것입니다.

셋

하나님의 친구 親舊

손님들은 소돔으로 향하고 아브라함은 그들을 전송하기 위하여 함께 나갔습니다. 그때 여호와께서 혼잣말처럼 말씀하셨습니다. "내가 하려는 것을 아브라함에게 숨기겠느냐?" 하나님은 이번에 이 땅에 오신 목적을 아브라함에게는 숨길 필요가 없다고 보신 것입니다. 그래서 일급비밀에 해당하는 매우 중요한 정보를 말씀해 주셨습니다. "소돔과 고모라에 대한 부르짖음이 크고 그 죄악이 심히 무거우니, 내가 이제 내려가서 그 모든 행한 것이 과연 내게 들린 부르짖음과 같은지 그렇지 않은지 내가 보고 알려 하노라."

하나님은 소돔과 고모라를 멸망시켜야 할지 더 두고 보아야 할지를 결정하기 위하여 오신 것입니다. 그러니까 하나님의 이번 방문에는 두 가지 목적이 있었던 것입니다. 하나는 앞에서 본 것처럼 사라의 믿음을 회복시키기 위함이고, 다른 하나가 더 중요한데, 그것은 바로 소돔과 고모라의 심판에 관한 것이었습니다. 그런데 하나님은 그 중요한 사건을 앞에 두고 그 비밀을 아브라함에게 먼저 말씀해 주신 것입니다. 이것을 우리는 주목해야 하겠습니다. 이것은 하나님이 아브라함을 친구로, 벗으로 여기셨다는 뜻이기 때문입니다.

요한복음 15:15에는 친구에 대한 정의가 잘 나타나 있습니다. "이제부터는 너희를 종이라 하지 아니하리니, 종은 주인의 하는 것을 알지 못함이라. 너희를 친구라 하였노니 내가 내 아버지께 들은 것을 다 너희에게 알게 하였음이라." 종과 친구의 차이는, 종이 주인의 하는 것을 알지 못함에 비하여 친구는 안다는 데에 있습니다. 부모에 알리지 못하는 비밀이라도 친구에게는 다 털어놓습니다. 이런 점에서 친구는 자기의 일생을 두고 가장 신뢰하는 사람이요, 이런 친구를 가진다는 것은 다른 어떤 것보다 더 큰 행복이 될 것입니다.

요한복음에서 예수님께서 제자들을 자기의 친구로 삼으셨다고 말씀하신 것처럼, 하나님께서는 아브라함을 자기의 친구로 삼으셨습니다. 친구이기 때문에 이제 행하고자 하는 비밀을 아브라함에게 알려주신 것입니다. 그래서 야고보서 2:23에, "아브라함은 하나님의 벗이라 칭함을 받았다."고 기록되어 있고, 역대하 20:7과 이사야 41:8은 아브라함을 "나의 벗"이라고 하나님께서 말씀하셨음을 전하고 있습니다.

하나님의 사람들의 유익 중 하나가 바로 이것입니다. 하나님으로부터, 또는 주님으로부터 친구로 여김 받는 것입니다. 그리하여 주님이 가지고 계신 비밀 또는 정보를 미리 얻어서, 그에 대비할 수 있다는 것입니다. 아브라함이 이제 하나님의 친구의 반열에 올라섰기 때문에 다음에 나오는 그 유명한 중보기도를 할 수 있게 되었다는 사실을 이해할 수 있습니다.

넷

기도祈禱

이제 하나님의 천사 두 사람은 소돔으로 향하여 길을 떠나고 아브라함과 여호와 하나님만 길에 남게 되었습니다. 아브라함이 조심스럽게 하나님께 가까이 나아가 여쭈었습니다. 조카인 롯과 소돔 사람들을 구원하기 위하여 중보적 기도를 드린 것입니다. 중보적 기도란 남을 위하여 드리는 기도입니다. 위하여 기도할 사람을 대신하여 내가 드리는 기도입니다.

이 기사를 통하여 우리는 중보적 기도에 대하여 많은 것을 배우게 됩니다. 그것은 먼저 하나님과 가까이함으로 정보를 획득한 사람만이 할 수 있다는 것입니다. 자기를 위해서든 남을 위해서든 기도하기 위해서는 지식이 선행되어야 합니다. 자신이 죄인인 줄 아는 사람이 죄 용서를 위하여 기도할 것입니다. 어떤 사람이 가진 문제가 무엇인지 알아야만 그 문제를 위하여 기도할 수 있을 것입니다. 아브라함이 만약 소돔과 고모라에 대한 하나님의 생각을 알지 못했다면 어떻게 기도할 수 있었겠습니까? 그러므로 중보적 기도를 위해서는 하나님과 가까이하여 영적인 지식을 많이 가지는 것이 필요합니다.

다음에 우리는 아브라함으로부터 기도하는 방법에 대하여 많은 것을 배울 수 있습니다. 그는 먼저 하나님의 성품에 근거하여 기도하였습니다. 하나님이 공의의 하나님이신 것을 알고 거기에 호소하였습니다. "주께서 의인을 악인과 함께 멸하시려나이까?" 의인과 악인을 똑같이 멸망시키는 것은 공의롭지 못하다는 주장을 폈습니다. 의인과 악인을 균등히 하는 것은 세상을 심판하시는 이로서 합당하지 않다고 말씀드리면서, 그 성중에 의인 오십 인이 있어도 기어이 멸하고 마시겠느냐고 호소하였습니다. 아브라함의 이 호소가 하나님의 마음을 움직였습니다. 하나님은 "내가 만일 소돔 성중에서 의인 오십 명을 찾으면 그들을 위하여 온 지경을 용서하리라."라고 말씀하신 것입니다.

여기서 아브라함은 아마 크게 고무되었을 것입니다. 소돔 성이 멸망을 면하고 자기 조카 롯이 살아날 희망이 보였기 때문입니다. 그러나 다음 순간 아브라함의 마음에 불안감이 일어났습니다. 소돔 성중에 의인 오십 명이 있을 것 같지 않았던 것입니다. 이제 그는 이 숫자를 줄일 수 있는 방법을 찾지 않으면 안 되었습니다. 그래서 그는 거기서 다섯을 뺀 숫자를 제시하게 됩니다. 그러나 혹시 하나님이 노하실까봐 최대한 겸손하게, 그러나 논리적으로 호소하였습니다. "티끌과 같은 제가 감히 주께 고합니다. 오십에서 오 인이 부족하면 그 오 인의 부족함을 인하여 온 성을 멸하시리이까?"

이것이 얼마나 요령 있는 호소인가 이해해야 하겠습니다. 하나님으로서 '안 돼'라는 대답을 하시기가 매우 곤란하게 말하였기 때문입니다. 오십 명이면 되는데, 거기서 겨우 다섯 모자란다고 해서 안 된다고 대답하는 것은 왠지 하나님답지 않게 여겨지기 때문입니다. 그래서 하나님께서 대답하셨습니다. "내가 거기서 사십 오 인을 찾으면 멸하지 아니하리라." 그러나 아브라함은 여전히 마음이 놓이지 않았습니다. 그래서 다섯을 또 감해 달라고 요청하여 허락을 받았습니다. "사십 인을 인하여 멸하지 아니하리라."

그러나 아브라함의 마음이 놓이지 않는 것은 여전하였습니다. 그는 할 수 있는 대로 숫자 줄이기를 계속하지 않을 수 없었습니다. "내 주여 노하지 마옵시고 말씀하게 하옵소서. 거기서 삼십 인을 찾으시면 어찌하시려나이까?", "내가 거기서 삼십 인을 찾으면 멸하지 아니하리라." 하나님의 대답은 시원시원하십니다. 하나님은 구차하게 이런저런 조건을 달지 않으셨습니다. 인간과는 달리 하나님은 복잡한 것을 싫어하시기 때문인지 모르겠습니다.

원래 오십 인에서 이제 삼십 인으로 줄어들었습니다. 매우 많이 줄었지만 아브라함은 멈출 수 없었습니다. 최선을 다해 이렇게 말합니다. "내가 감히 내 주께 고하나이다. 거기서 이십 인을 찾으시면 어찌하시려나이까?", "내가 이십 인을 인하여 멸하지 아니하리라." 하나님의 대답이 시원시원하지만 언제까지나 그렇지만은 않을 것임을 아브라함은 잘 알고 있었습니다. 하나님이 그만 노하시면서, 너 지금 나하고 장난하느냐? 지금까지 말한 것 다 무효다, 처음으로 돌아가자, 의인 오십 명이 안 되면 무조건 다 멸할 거야, 이렇게 나오신다면 정말 큰일인 것입니다. 그래서 아브라함은 이제 마지막이라고 생각하며 용기를 내어서 한 번 더 고했습니다.

"주는 노하지 마옵소서. 내가 이번만 더 말씀하리이다. 거기서 십 인을 찾으시면 어찌하시려나이까?" 하나님도 아마 속으로 아슬아슬함을 느끼셨을 것입니다. 이러다가 소돔을 심판하지 못하는 게 아닐까라고 말입니다. 그래서 이번이 진짜 마지막이라고 마음속으로 결심하시고 마침내 아브라함의 마지막 요구까지 들어주셨습니다. "내가 십 인을 인하여도 멸하지 아니하리라." 하나님은 의인 십 인만 있으면 그들을 위하여 그 성을 멸하지 않겠다고 약속하셨습니다. 하나님은 이렇게 자비하신 성품을 가지고 계신 분입니다. 이런 분이 한 성을 뒤엎어 멸하신다면 그분 마음인들 얼마나 아프실지 우리는 생각해 드려야 할 것입니다.

어쨌든 여기서 우리는 아브라함이 얼마나 효과적으로 기도하였나 보았습니다. 그는 하나님의 성품을 잘 알고 거기에 의지하여 매달렸습니다. 그리고 하나님의 마음의 움직임이 어떠한지를 잘 살피며 기도하였습니다. 그러면서도 겸손하게, 논리적으로, 그리고 지혜롭게 기도하였습니다. 적당히 중간에서 그만두지 않고 할 수 있는 대로 최선을 다하여 기도했습니다. 기도는 효과적으로 해야 합니다. 그저 습관적으로 하는 것이 아니라, 하나님께 응답받을 수 있도록 해야 합니다. 그러기 위하여 우리는 아브라함의 위와 같은 중보적 기도를 잘 연구할 필요가 있겠습니다.

예수님은 중보자로서 이 세상에 오셨습니다. 하나님과 하나님의 원수가 되어 있는 우리 사이에 중보의 역할을 수행하기 위하여 오신 것입니다. 그리고 예수님은 그 역할을 완전하게 준행하셨고, 이제 그를 믿는 우리들에게 자기와 같은 중보의 역할을 하도록 명하셨습니다. 아직도 주님을 모르고 자기 마음대로 살아가는 죄인들과 하나님 사이에 우리 그리스도인이 서 있습니다. 여기서 중보의 역할을 하는 것이 우리가 이 세상에서 살아가는 중요한 이유인 것입니다.

다섯

세상을 위하여

우리는 천사들을 성심으로 대접한 아브라함의 모습을 살펴보았습니다. 또 소돔의 백성들을 구하기 위하여 있는 힘을 다하여 기도한 아브라함의 모습을 보았습니다. 공통적인 것은 아브라함이 자기의 유익을 위해서가 아니라 남을 위하여 최선을 다하는 삶을 살고 있다는 것입니다.

하나님은 아브라함을 부르실 때 내가 너에게 복을 주어 너로 복이 되게 할 것이라고 약속하셨습니다. 복이 된다는 것은 복의 근원, 곧 다른 사람들에게 복을 끼치는 사람임을 우리는 이미 알고 있습니다. 하나님은 아브라함을 통해서 세상의 다른 모든 사람들에게 복을 주시기를 원하셨습니다. 하나님의 사람들은 하나님으로부터 먼저 복을 받아서 그 복을 누림과 동시에 다른 사람들에게도 전달하는 사람들입니다. 바로 그것을 위해 하나님이 우리를 부르신 것입니다.

이것은 예수님을 믿는다고 금방 되는 것이 아닙니다. 사람은 근본적으로 이기적인 심성을 가지고 있기 때문입니다. 그것이 바로 원죄입니다. 인간은 죄인으로 태어났기 때문에, 모두 다 이기적으로 삶을 시작합니다. 어린아이들을 보십시오. 자기를 낳아준 부모 생각은 안 하고 자기 이익만 좇아서 삽니다. 엄마의 젖을 빨아 먹고, 엄마의 온갖 수고를 요구합니다. 좀 더 자라면 부모로부터 돈을 달라고 하고, 부모를 속이면서 자기 좋은 대로 행동합니다. 그렇게 하다가 마침내 철이 들면 조금씩 부모 생각을 하고, 부모의 희생에 감사도 하고, 나아가서는 부모를 돕고, 섬기고자 하는 마음을 가지게 됩니다. 부모뿐 아니라 부모와 같은 세상의 연로한 분들을 돕게 되고, 나아가 세상의 모든 이웃들을 생각하며, 그들을 돕고, 위로하고, 섬기는 삶으로 나아가게 되는 것입니다. 이것이 성장한다는 뜻입니다. 결국 성장이라는 것은 자기중심적인 이기적인 삶을 살다가, 남 중심의 이타적인 삶으로 삶의 태도를 바꾸는 것을 가리킵니다.

하나님께서 아브라함을 부르시고 연단하시고 성숙하게 하신 과정도 똑같습니다. 먼저는 아브라함에게 필요한 것을 주셨습니다. 그러다가 점차적으로 아브라함으로 하여금 넓은 마음을 가지게 하여 이기심에서 벗어나서 남을 생각하고, 남을 돕는 인생을 살도록 바꾸어주신 것입니다. 그것이 잘 드러난 본문이 바로 창세기 18장입니다.

아브라함은 하나님의 뜻대로 성숙하여 이제는 나그네를 성심으로 섬길 수 있게 되었습니다. 또 소돔 성의 멸망이 임박한 것을 알고는 그 백성들을 살리기 위하여 간절히 기도할 수 있게 되었습니다. 아쉽게도 소돔 성이 너무 악하여 의인 열 명도 없었기 때문에 그 성을 구하는 데는 이르지 못했지만, 아브라함이 얼마나 장성한 사람이었는가 하는 것은 잘 보여주고 있습니다.

하나님께 대한 신앙은 하나님과 일대일의 관계 속에서 시작하지만 마침내 다른 사람과의 관계 속에서 그것이 드러나게 되어 있습니다. 하나님께 대한 믿음이 다른 사람에 대한 사랑으로 나타나게 되어 있는 것입니다. 하나님을 믿는다 하고 다른 사람들을 사랑하지 않는다면 그 믿음은 거짓 믿음입니다. 참으로 하나님을 믿으면 다른 사람들에게 복을 끼치는 삶을 살게 되어 있기 때문입니다. 믿음이 성숙하면 성숙할수록 다른 사람에 대한 사랑도 크고 깊어질 것입니다.

24년간의 신앙생활을 통하여 아브라함의 신앙이 이만큼 깊어졌다는 것을 우리는 그의 삶을 통하여 관찰할 수 있습니다. 우리도 하나님을 믿은 햇수가 많을수록 신앙도 더 깊어지고, 그 신앙이 이웃과의 관계에서 사랑으로 잘 드러날 수 있도록 힘써 신앙의 여정을 걸어가야 하겠습니다.

신국 神國

창 21:1-34

인생은 기쁨과 분노, 슬픔과 즐거움이 끊임없이 파도치는 바다와도 같습니다. 기쁜 일을 만나면 세상이 모두 기쁨으로 가득 찬 것 같다가, 슬픈 일을 만나면 갑자기 고개를 떨구고 더 살아야 하나 하는 고민을 하기도 합니다. 아브라함의 인생도 마찬가지였습니다. 그런데 아브라함에게서 배우는 것은 신앙의 원숙한 경지에 이르게 되었을 때, 그는 기쁨과 슬픔, 아픔과 즐거움을 뛰어넘는 영원한 하나님의 세계를 바라보게 되었다는 것입니다. 아홉 번째 여정에서 우리는 흔히 희노애구애오욕(喜怒哀懼愛惡欲)이라 일컫는 감정에 대하여 하나님 신앙은 어떻게 대처하는지를 살펴보고자 합니다.

하나

기쁨과 즐거움

아브라함이 백 세 때에 드디어 하나님께서 약속하신 아들을 주셨습니다. 그것을 성경은 이렇게 기록합니다. "여호와께서 말씀하신 대로 사라를 돌보셨고 여호와께서 말씀하신 대로 사라에게 행하셨으므로 사라가 임신하고 하나님이 말씀하신 시기가 되어 노년의 아브라함에게 아들을 낳으니"(창 21:1-2).

여기에는 창세기 기자의 신학이 가득 들어 있습니다. 그는 이 일이 하나님께서 하신 일이라고 믿었습니다. '여호와께서'라는 말이 두 번 반복되어 있습니다. 하나님께서 돌보셨고, 하나님께서 행하셨기 때문이라고 하였습니다. 아브라함과 사라가 아들을 낳은 것은 하나님께서 하신 일이다! 그것은 인간의 일이 아니다. 인간으로서는 불가능한 일이 일어난 것이라고 외치고 있는 것입니다.

하나님께서 그렇게 하신 것은 말씀하셨기 때문이라 하였습니다. 아들을 주신다고 말씀하셨기 때문에 그것을 지키신 것이라고 하였습니다. '말씀하신 대로'가 두 번 반복되었을 뿐 아니라, 말씀하신 시기가 되었으므로 아들을 낳게 되었다고 하였습니다. 창세기 기자는 하나님께서 약속을 지키셨다는 것을 강조합니다. 아브라함과 사라는 그동안 그 약속이 과연 지켜지겠는가, 하나님이 약속을 기억하고 계신가 하는 의심도 했지만 하나님은 마침내 약속을 지키는 분임을 보여주신 것입니다.

아브라함의 백 세에 사라로부터 아들을 얻은 것은 그에게는 어마어마한 사건입니다. 기적입니다. 여성의 생리가 끊어진 사라가 아들을 낳은 것은 기적입니다. 하나님은 아브라함에게 하나님이 어떤 분이라는 것을 확실하게 가르쳐주신 것입니다. 인간에게는 불가능이 있지만 하나님께는 불가능이 없다는 것, 하나님은 전능하신 분인 것을 아브라함은 확실히 경험하였습니다. 이 사건을 통하여 그는 하나님께서 하신 모든 약속은 반드시 성취될 것임을 더 이상 의심하지 않게 되었습니다. 사라가 아들을 낳은 것은 하나님의 전능하심과 신실하심에 대한 분명한 증거였습니다.

아브라함은 그 아들의 이름을 이삭이라 하였습니다. 이삭의 뜻은 웃음입니다. 이 웃음은 아브라함에게 이중적 의미가 있습니다. 하나는 하나님의 전능하심을 상기하게 만든 것입니다. 일 년 전 사라에게 아들이 있을 것이라는 하나님의 말씀을 믿지 못하고 웃었던 사라의 그 불신을 상기하게 만듭니다. 그렇게 불신적인 웃음을 웃으면 안 된다는 뜻이 들어 있습니다. 또 하나는 순수한 기쁨의 표현입니다. 사라가 그것을 잘 표현하였습니다. "하나님이 나로 웃게 하시니 듣는 자가 다 나와 함께 웃으리로다." 사라의 웃음은 참 의미심장합니다.

사라는 인간적으로 한 많은 여인이었습니다. 모든 여성의 특권인 임신과 출산을 하지 못했습니다. 특권을 한 번도 누리지 못한 채 여성의 생리가 끊어졌습니다. 자기의 여종도 쉽게 되는 일이 자기에게는 되지 않았습니다. 평생의 소원이었지만 나이 여든이 넘도록 아이를 갖지 못했습니다. 그러다가 나이 아흔에 이르러 불가사의하게 임신하고 아들을 낳은 것입니다. 평생의 한이 씻어지는 순간이었습니다. 그래서 그녀는 외쳤습니다. "하나님이 나를 웃게 하셨습니다." '하나님께서 나에게 웃음을 주셨다. 나도 이렇게 웃을 때가 있단다. 나를 아는 모든 사람들이 나의 이 웃음에 참여해 주기 바란다. 이 아이가 모든 사람들을 기쁘게 하기를 바란다.' 는 뜻입니다.

그녀는 불가능한 일이 자기 몸에서 일어났음을 고백합니다. "사라가 자식들을 젖먹이겠다고 누가 아브라함에게 말하였으리요. 그러나 아브라함의 노경에 내가 아들을 낳았도다!" 즉 '나에게 불가능한 일이 일어났다.' 라고 말하는 것입니다. 누가 그 불가능한 일을 일으켰습니까? 두말할 필요 없이 하나님이십니다.

사라는 모든 사람들이 이삭을 인하여 웃고 기뻐하고 즐거워하기를 바랐습니다. 그러나 아이러니컬하게도 어떤 사람들을 거기서 배제시켰습니다. 그들은 바로 이스마엘과 하갈이었습니다. 모든 사람들이 웃고 즐겼지만 거기에 동참하지 못하는 사람들이 있었습니다. 이것은 나의 기쁨이 다른 이들의 슬픔일 수도 있고, 다른 이들의 기쁨이 나의 아픔일 수도 있음을 보여줌으로써 인간사가 그렇게 간단하지는 않다는 것을 보여줍니다.

둘

슬픔과 아픔

이삭은 무럭무럭 잘 자랐습니다. 마침내 젖을 떼는 날이 왔고, 그날에 아브라함은 큰 잔치를 베풀었습니다. 모두 기뻐하고 즐거워하였습니다. 그런데 그때 문제가 발생했습니다. 아브라함의 장자요, 하갈의 소생인 이스마엘이 어린 동생인 이삭을 괴롭히고 있는 모습이 사라에게 포착된 것입니다.

이스마엘은 이삭의 탄생이 기쁘지 않았을 것입니다. 아버지의 사랑을 독차지하고 있다가 갑자기 이삭의 탄생으로 자기는 소외되고 말았기 때문입니다. 동생 이삭이 밉게 보일 수밖에 없었습니다. 모든 사람들이 와서 이삭을 귀여워하고 이삭에게 덕담을 하는 것에 잔뜩 화가 났을 것입니다. 그래서 아무도 모르는 틈에 이삭을 살짝살짝 괴롭혔던 것입니다. 이 모습을 사라가 보았습니다. 사라가 분노하였습니다. 이스마엘이 이삭을 괴롭히는 것은 그저 장난이 아니었기 때문입니다.

사라는 이미 소년이 된 이스마엘이 유아인 이삭을 미워하고 괴롭히지나 않을까 늘 염려가 되었었는데, 마침내 그 현장을 목도한 것입니다. 사라는 장차의 일이 걱정되었습니다. 이대로 두다가는 이스마엘이 이삭을 미워한 나머지 그의 신체를 해치지나 않을까 두려워졌던 것입니다. 그런 일이 없더라도 장차 아브라함의 유산을 나눌 때에 이스마엘이 큰 골칫거리가 될 것을 예상했습니다. 그래서 남편 아브라함에게 결단을 요청했습니다. "이 여종과 그 아들을 내쫓으라. 이 종의 아들은 내 아들 이삭과 함께 기업을 얻지 못하리라."

호사다마라 했던가, 아브라함은 이 즐거운 잔칫날에 예기치 못했던 사라의 요구를 듣고 큰 고민에 빠지게 되었습니다. 사라의 요구가 일리 있는 것은 사실이나 그렇다고 어떻게 자식을, 그리고 그 자식의 어미를 간단히 내쫓을 수 있겠습니까? 이러지도 못하고 저러지도 못하고 고민만 하고 있는 동안에 사라와 하갈의 관계는 일촉즉발의 상황으로 험악하게 발전되었습니다. 이대로 두면 무슨 일이 일어날지 알 수 없었습니다. 이때 다시 하나님이 개입하셨습니다. 하나님은 아브라함에게 말씀하셨습니다. "네 아이나 네 여종으로 말미암아 근심하지 말고, 사라가 네게 이른 말을 다 들으라. 이삭에게서 나는 자라야 네 씨라 부를 것임이니라."

하나님은 아브라함에게 사라의 말대로 하라고 하셨습니다. 하갈과 이스마엘을 집에서 내보내라는 것입니다. 아브라함의 자손으로 불릴 수 있는 것은 이삭에게서 나는 자라는 것이 그 이유였습니다. 이스마엘은 아브라함의 소생이기는 하지만 그의 자손으로 불리지는 않을 것이라고 하셨습니다. 이스마엘은 하나님의 원래의 계획에 없었던 자식입니다. 하나님은 아브라함과는 달리, 맺고 끊는 것을 분명히 하시는 분입니다. 아닌 것은 아닌 것입니다. 진짜와 가짜가 섞여 있는 것은 좋지 않다, 이제 때가 되었으니 끊을 것은 끊으라는 것입니다.

언뜻 보면 하나님이 냉정하신 것 같지만 결코 그런 것은 아닙니다. 하나님은 이스마엘의 아버지로서의 아브라함의 심정을 잘 헤아려 주셨습니다. "여종의 아들도 네 씨니 그로 한 민족을 이루게 하리라."라고 약속하신 것입니다. 네가 하갈과 이스마엘에게 미안해하지 않도록 내가 다 책임져 주겠다 하신 것입니다. 그래서 아브라함은 하나님의 말씀에 의지하여 하갈과 이스마엘을 집에서 내보냈습니다. 그들은 아마 대성통곡하며 그 집을 떠났을 것입니다. 특히 어린 이스마엘의 슬픔이 얼마나 컸겠습니까? 그들을 떠나보내야 하는 아브라함의 마음은 그야말로 찢어질듯이 아팠을 것입니다. 그러나 아브라함은 그것을 묵묵히 견뎌 냈습니다.

오랜 후 아브라함이 별세할 때 이스마엘은 이삭을 도와 함께 아브라함을 장사했다고 되어 있습니다(창 25:9). 또 이삭의 아들 에서는 이스마엘의 딸과 결혼했습니다(창 28:9). 이것을 보면 이스마엘과 이삭은 서로 원수로 혹은 남남으로 산 것이 아니라 어느 정도 형제의 정을 나누며 살았음을 알 수 있습니다. 집에서 쫓아낸 것은 서로 원수가 되라는 것이 아니었습니다. 하나님의 언약에 충실한 삶을 살라는 것이었습니다. 같은 아들이긴 하지만 이삭과 이스마엘은 다르다는 것입니다. 이삭은 약속의 아들이고 이스마엘은 그렇지 않았습니다. 약속이 있는 자와 없는 자가 한집에서 살 수 없는 것은 언약이 성취되기 위하여 어쩔 수 없는 일이었습니다.

어쨌든 아브라함은 약 15년 동안 사랑을 쏟으며 키웠던 이스마엘과 그 어미요 자기의 젊은 첩인 하갈을 집에서 내보냈습니다. 슬픈 일이고 가슴 아픈 일이었습니다. 이런 일이 생긴 원인은 아브라함과 사라의 실수였습니다. 하나님의 약속을 믿음으로 기다리지 못하고 인간의 방법으로 일을 저질렀기 때문입니다.

우리의 인생에서도 이런 일들이 부지기수로 일어납니다. 인간은 실수가 많은 존재입니다. 그래서 만나고 헤어지는, 슬프고 아픈 일들이 수없이 일어납니다. 가슴 아프지만 그것이 인생이라는 것을 알고 묵묵히 받아들이는 것이 믿는 자들이 해야 할 일입니다. 인생은 기쁘고 슬프고 즐겁고 아픈 일들이 수많이 일어나는 현장입니다. 그런 일이 일어날 때마다 일희일비할 것이 아닙니다. 한 차원 높은 데서 그 모든 것들을 조망하며 하나님의 약속을 붙들고 나아가는 것이 신앙입니다. 아브라함은 그런 점에서 훌륭한 믿음의 사람으로 성숙해졌습니다. 이것은 그 다음 사건에서 잘 나타납니다.

셋

영원하신 하나님

이스마엘을 내보낸 직후에 블레셋의 왕 아비멜렉과 군대장관 비골이 아브라함을 찾아왔습니다. 그들은 아브라함과 화친을 맺기 위하여 온 것입니다. 그들이 먼저 아브라함에게 말했습니다. "네가 무슨 일을 하든지 하나님이 너와 함께 계시도다." 이방인이 와서 하나님이 당신과 함께하시는 것을 내가 보았습니다, 이런 말을 한다면 이것은 예삿일이 아닙니다. 아비멜렉이 왜 이런 말을 했을까요? 그것은 우리가 건너뛰었던 20장을 보면 잘 알 수 있습니다.

아비멜렉이 아브라함의 아내 사라를 빼앗아 간 일이 있었습니다. 그러자 그날 밤에 하나님이 아비멜렉에게 현몽하셔서 겁을 주셨습니다. "네가 이 여인으로 인하여 죽을 것이다. 그 여인을 가까이하지 말라. 그리고 그 여인을 돌려보내라. 그 남편은 선지자다. 그가 너를 위하여 기도하리니 네가 살려니와, 만일 네가 돌려보내지 않으면 너와 네게 속한 자가 다 반드시 죽을 줄 알아라."

꿈에서 깨어난 아비멜렉이 혼비백산하여 즉시 사라를 돌려보냈습니다. 그리고 양과 소와 종들을 아브라함에게 보상의 의미로 주었습니다. 그리고 아브라함이 원하는 대로 아비멜렉의 땅에서 살게 하였습니다. 이런 일이 있었으므로 아비멜렉은 아브라함을 두려워하지 않을 수 없었던 것입니다. 아브라함을 두려워한 것이 아니라 하나님을 두려워한 것입니다. 하나님이 아브라함과 함께 계시다는 것을 알았기 때문입니다.

이것은 하나님의 사람들의 위엄이 어디에 있는가를 보여줍니다. 그것은 하나님이 함께하신다는 것입니다. 아비멜렉은 아브라함을 두려워한 것이 아니라 아브라함과 함께하시는 하나님을 두려워하여 아브라함을 찾아왔습니다. 그리스도인의 인간관계도 이와 같아야 합니다. 우리 자신은 약하지만 전능하신 하나님이 우리와 함께하신다는 것을 사람들이 알게 될 때, 비로소 우리는 진정한 그리스도인이라 할 수 있을 것입니다.

아비멜렉은 아브라함에게 맹세를 요구하였습니다. 자기와 자기 아들과 자기 손자에게 거짓되게 행하지 아니하기를 맹세하라는 것입니다. 아브라함이 사라를 자기 누이라고 속임으로써 자기가 하나님께 크게 혼쭐이

난 것을 상기시키는 것입니다. 아브라함은 맹세했습니다. 그런 후 아비멜렉의 종들이 자기의 우물을 빼앗은 일에 관하여 아비멜렉을 책망하였습니다. 이것은 우리도 전혀 모르던 일입니다. 아브라함은 그런 억울한 일이 있었지만 지금까지 꾹 참고 말하지 않았을 것입니다. 아비멜렉도 그런 일이 있었음을 몰랐다며 사과하였습니다.

이로 보건대, 아브라함은 이방의 땅에 거주하면서 억울한 일이 많이 있었음을 알 수 있습니다. 그런 일이 생겨도 아브라함은 아무 말 하지 않고 그냥 참고 지냈습니다. 이것은 비굴한 모습이 아닙니다. 때가 되면 반드시 짚고 넘어갈 일로 간직하고 있었던 것입니다. 그리고 본문처럼 때가 되자 이방의 왕까지 책망하였던 것입니다.

아브라함은 때를 알았습니다. 참을 때와 나서서 책망할 때를 분별할 수 있었습니다. 때가 되기까지는 참고 힘을 길렀습니다. 때가 오면 이방의 왕까지도 책망할 만큼 아브라함은 권위를 갖춘 하나님의 사람으로 성숙해졌던 것입니다.

아브라함은 아비멜렉과 서로 맹세하며 언약하고 헤어졌습니다. 아비멜렉 일행이 돌아가자 아브라함은 브엘세바 우물가에 에셀나무를 심고 영원하신 여호와의 이름을 불렀습니다. 그가 거기서 영원하신 여호와의 이름을 불렀다는 것은 아브라함이 이제는 영원의 세계에 마음을 두고 있었음을 보여줍니다. 잠시 머무는 이 세상이 아니라 영원히 살아갈 세계, 곧 하나님의 나라에 마음을 두게 되었다는 것입니다.

세상의 기쁨과 즐거움, 슬픔과 아픔을 겪으며 나이 백 세를 넘기고 나니 세상의 일이 구름 잡는 것같이 덧없다는 것, 그리고 이 세상이 지나면 영원한 세계가 다가온다는 사실을 깨닫게 되었고, 이제는 그 영원한 세계에 마음을 두게 되었다는 것입니다.

이쯤에서 우리는 아브라함이 얼마나 성숙한 믿음의 경지에 들어가 있는 가를 짐작하게 됩니다. 그는 기쁨과 아픔에 초연한 경지에 이르게 되었습니다. 우리의 삶이 항상 기쁜 것도 아니고 항상 슬프고 아픈 것도 아닙니다. 기쁨에는 아픔이 따르고, 아픔 뒤에는 또 기쁨이 찾아옵니다. 신앙은 기쁨과 아픔에 일희일비하는 것이 아니라 그 너머의 세계를 바라보는 것입니다. 기쁨과 즐거움, 슬픔과 아픔을 초월한 그 너머의 세계는 영원한 하나님의 세계입니다. 아브라함은 영원한 하나님의 이름을 부르며 하나님을 경외하는 삶에 이르렀습니다.

우리도 아브라함처럼 그러한 경지에 이르도록 연습해야 하겠습니다. 기쁜 일이 있으면 기뻐하되 기쁨에 너무 도취되는 것은 바람직하지 않습니다. 기쁨 뒤에는 아픔이 따를 수 있음을 생각해야 합니다. 아픈 일이 있어도 너무 슬퍼하거나 절망하지 말아야 합니다. 아픔 뒤에는 하나님의 위로가 따르기 때문입니다. 그러므로 우리는 기쁨과 아픔을 넘어서는 삶을 살아야 하겠습니다.

기쁨과 아픔을 넘어선다는 것은 기쁨과 아픔을 피한다는 것이 아닙니다. 어떤 사람은 기쁨 뒤에는 슬픔이 있으니까 아예 기쁜 일이 생겨도 기뻐하지 않겠노라고 작정합니다. 그러나 그것은 인간적인 태도가 아닙니다. 또 슬프고 아픈 일이 생겨도 애써 슬프지 않은 척, 아프지 않은 척, 아무렇지도 않은 척하는 태도를 취합니다. 그러나 그것도 인간적이지 않습니다. 하나님은 우리 인간이 인간적으로 살기를 원하시지 비인간적인 태도를 가지는 것을 원하지도 기뻐하지도 않으십니다.

우리는 인간답게 인간적인 삶을 살아야 합니다. 기쁜 일이 있으면 기뻐해야 합니다. 웃고 손뼉치고 춤추고 파티도 하고 즐거워해야 합니다. 그러나 마치 그것이 다인 것처럼 함몰되어서는 안 됩니다. 슬픈 일이 있으면 어떻게 해야 인간적일까요? 슬퍼해야 합니다. 눈물을 흘리고 탄식하고 애를 태우는 것이 인간적입니다. 아픈 일이 있어도 마찬가지입니다. 아프다고 말하고 괴로워하고, 필요하면 신경안정제도, 진통제도 먹고 그렇게 하며 아픔을 달래는 것이 인간적입니다. 그러나 너무 슬퍼하고 너무 아파하여 거기에 함몰되어서는 안 됩니다. 너무 아파서 절망에 빠져서는 안 된다는 것입니다.

기쁨과 분노, 슬픔과 두려움, 사랑과 미움과 바람도 모두 다 우리에게 필요한 것이므로 정직하게 직면하고 맛보는 것이 인간적입니다. 그것을 피하려고 엉뚱한 태도를 취하거나 이상한 노력을 할 필요가 없습니다. 그대로 받아들이고 경험하고 맛보는 것입니다. 우리에게 그런 경험이 필요하니까 하나님이 주신 것입니다. 그런 경험들 속에서 우리는 교훈을 얻는 것입니다. 어떤 교훈일까요? 그러한 인간적인 감정들을 통해서 우리는 하나님에 대한 지식을 얻고 삶의 지혜를 얻으며, 마침내 영원한 하나님

나라에서의 삶을 동경하며 그때를 위하여 연습하는 것입니다. 그러므로 그런 감정들을 피할 이유가 없습니다. 그대로 받아들이고 맛보아야 합니다. 그러나 그것이 다가 아니라는 것을 항상 알고 있어야 합니다.

기쁨을 누리면서도 이것이 다가 아니다, 다음 순간에는 슬픈 일이 일어날 수도 있다는 것을 염두에 두는 것입니다. 또 나의 이 기쁨이 다른 사람에게는 슬픔이 될 수도 있다는 것을 생각하는 것입니다. 슬픔과 아픔이 다가오더라도 마찬가지입니다. 이 슬픔, 이 아픔이 다가 아니라는 것을 생각하는 것입니다. 잠시 잠깐 후면 기쁨과 평안이 찾아오리라는 것을 생각하고 인내하는 것입니다.

슬픔이든, 아픔이든, 기쁨이든, 이 모든 것은 다 지나가는 것입니다. 이것들이 다 지나가고 나면 무엇이 옵니까? 하나님의 영원한 세계입니다. 아브라함은 오랜 신앙생활의 과정을 통하여 이것을 깨달았습니다. 그래서 그는 에셀나무를 심으며 영원하신 하나님의 이름을 불렀던 것입니다.

이처럼 우리의 삶은 기쁨과 슬픔, 아픔 너머에 있는 영원한 하나님의 세계를 바라보는 것이어야 합니다. 노년의 아브라함처럼 영원하신 하나님의 이름을 부르며 하나님을 경외하는 삶을 살기 위하여 한 걸음 한 걸음 오늘도 전진해 나아가야 하겠습니다.

순종 順從

창 22:1-19

아브라함의 이야기는 창세기 23장 사라의 장례를 위한 매장지를 구하는 사건, 또 24장 아들 이삭의 배필을 구하기 위해 종을 멀리 밧단 아람까지 보내는 사건, 그리고 25장에서 후처 그두라로부터 아들 여섯을 얻는 기사 및 아브라함이 죽어 매장되는 것까지 계속되고 있지만, 아브라함의 신앙 의 여정이라는 차원에서 볼 때는 22장이 최종적이라 할 수 있습니다. 여 기서 아브라함은 하나님께서 기대하시던 신앙의 목표 지점에 이르게 되 었음을 우리는 발견하게 됩니다. 아브라함의 신앙의 최종적 여정을 특징 지워주는 단어로 순종을 말할 수 있습니다. 그런데 이 순종은 첫 번째 여 정의 순종과는 차원이 다릅니다. 모두 하나님의 말씀을 순종하는 점에서 는 같지만 순종의 근거가 다릅니다. 처음에는 많은 자손, 많은 민족, 땅과 같은 복을 받기 위하여 순종했지만 마지막 여정에서는 하나님을 경외하 기 때문에 자기를 부인하는 차원에서의 순종이었던 것입니다. 이때의 아 브라함의 성숙한 신앙의 특징으로 '여호와 이레' 및 '부활'의 개념이 소 개됩니다. 우리는 이 마지막 여정에서 이러한 특징을 가진 순종의 모든 것을 살펴보고자 합니다.

하나

.

시험 試驗

본문은 하나님이 아브라함의 신앙을 시험하는 내용으로 되어 있습니다. 시험은 성경에서 크게 두 가지 의미로 사용되고 있습니다. 하나는 마귀의 시험이라는 뜻으로 사용되는 것인데, 믿음을 잃어버리게 될지도 모를 위기의 사건을 가리킵니다. 이런 시험은 마귀로부터 오는 것으로 하나님은 이런 시험을 주시지 않으신다고 하였습니다(약 1:13).

다른 하나의 시험은 테스트라는 뜻입니다. 얼마나 믿음이 있는가, 자랐는가를 알아보는 차원에서 생기는 사건을 가리킵니다. 이런 의미의 시험은 하나님이 수시로 우리에게 베푸십니다. 이런 테스트를 통해서 하나님은 우리의 믿음이 지금 어느 정도의 수준에 도달해 있는지를 아시고자 하시며 또 우리도 스스로 자기의 믿음의 정도를 깨달아 알도록 하십니다.

그러므로 우리는 시험을 받을 때에 전부 마귀에게서 온 것인 양 부정적으로 받아들이지 말고, 내 믿음이 얼마나 자랐는가를 한 번 보자 하는 마음으로 즐겁게 임해야 하겠습니다.

아브라함이 이삭을 낳고 10여 년의 세월이 흘렀습니다. 이제 하나님은 아브라함을 시험할 때가 되었다고 보셨습니다. 이만 하면 된 것 같은데 과연 그러한지 확인하고자 하신 것입니다. 하나님은 아브라함의 꿈에서 그를 부르셨습니다. 그리고는 시험 문제를 던지셨습니다. "네 아들 네 사랑하는 독자 이삭을 데리고 모리아 땅으로 가서 내가 네게 일러준 한 산 거기서 그를 번제로 드리라." 이것은 아브라함에게 엄청난 시험이었습니다. 아브라함뿐 아니라 오늘 우리들에게도 이런 종류의 시험은 정말 통과하기 힘든 것이라 말할 수 있습니다.

하나님은 말씀하시기를, 네가 사랑하는 아들 이삭 있지? 바로 너의 독자 말이다, 그 사랑하는 독자 이삭을 나에게 번제로 바쳐라, 하셨습니다. 이것은 잔인한 일이기는 하지만 아브라함의 믿음을 시험하기에는 정말로 적당한 것이라 할 수 있습니다. 만약 아브라함이 믿음에 있어서 뭔가 부족한 부분이 조금이라도 있다면 이 시험에서 그대로 드러날 수밖에 없습니다. 왜냐하면 여기에는 하나님의 말씀에 순종하지 않을 여러 가지 이유가 있기 때문입니다. 그것이 무엇인지 한번 자세히 살펴봅시다.

첫째, 이삭은 아브라함에게 있어서 너무나 사랑스러운 독자였다는 것입니다. "네 아들 네 사랑하는 독자 이삭"이라고 하나님께서 친히 말씀하셨습니다. 미운 아들이라 하더라도 그를 죽여 제물로 삼는다는 것은 끔찍한 일입니다. 부모로서는 차마 할 수 없는 일입니다. 그런데 이삭은 아브라함에게 있어서 독자로 불렸고, 하나님도 독자라고 하셨습니다. 이스마엘이 있었지만 하나님이 인정하시는 아들이 아니기 때문에 하나님은 이삭을 독자라고 하신 것입니다. 그 독자를 바쳐라 하셨습니다.

이삭은 눈에 넣어도 아프지 않을 만큼 사랑스러운 독자였습니다. 이런 아들을 번제로 바치는 것을 아버지로서 어떻게 상상이나 할 수 있겠습니까? 그래서 아브라함은 하나님께 이렇게 항변할 수도 있었습니다. "하나님 왜 하필이면 내 사랑하는 독자 이삭입니까? 다른 것으로 대신할 수 있게 해주십시오."라고 말입니다. 이 시험은 아브라함에게 있어서 자기 목숨보다 더 귀한 사랑스러운 독자를 죽이라는 것이기 때문에 순종하기 힘든 것이었습니다.

둘째, 이것은 도중에 마음이 변할 수 있는 시간 여유가 많았다는 점에서 순종하기 어려운 것입니다. 아무리 어려운 일이라도 한순간만 마음먹으면 되는 일이라면 비교적 덜 어렵다고 할 수 있습니다. 그냥 독주 한 잔 마시고 정신이 몽롱한 가운데서 단번에 해치우면 되기 때문입니다. 그런데 아브라함이 하나님의 명령을 준행하려면 하나님이 지정하신 산에 가야 하는데, 거기까지 가는 데는 사흘이나 걸렸습니다. 사흘이나 되었다는 것은 아브라함이 단번에 해치울 수 있는 그런 일이 아니라는 것을 의미합니다. 아들을 번제로 바치라는 명령을 수행하기 위해서는 꼬박 사흘이 걸 렸습니다. 사흘 동안 자기가 죽일 아들과 함께 길을 가면서 대화를 나누 어야 했던 것입니다. 하나님은 아브라함이 한순간 이를 악물고 순식간에 해치울 수 있는 일을 명령하신 것이 아닙니다. 가장 사랑하는 독자를 죽 인다는 생각을 사흘간이나 지속적으로 해야만 할 수 있는 그런 명령을 내 리신 것입니다. 얼마나 힘든 일이겠습니까?

셋째, 이삭은 아무것도 모르는 천진난만한 아이였다는 것입니다. 아이가 좀 장성하기라도 하여 하나님의 명령을 준행해야만 하는 아버지의 괴로 운 마음을 이해해 주기라도 하면 얼마나 좋겠습니까? 그러면 아브라함은 아들을 앞에 앉혀놓고 자초지종을 이야기하면서 이 애비의 마음을 좀 이 해해 달라고 말하며, 눈물과 포옹으로 부자지간의 정을 나누고 그렇게 할 수도 있을 것입니다. 그런데 이삭은 아무것도 모르고 세상에서 가장 믿음 직한 아버지를 따라 함께 소풍가는 것과 같은 즐거운 마음으로 길을 나선 것입니다. 아버지의 사랑을 추호도 의심하지 않는 천진난만하기만 한 아 들에게 어떻게 칼을 들이대고, 죽이고, 불로 태울 수 있겠습니까? 그것은 인간성을 부정하지 않고는 할 수 없는 것에 속하는 지극히 어려운 일이었 습니다.

넷째, 순종하기 어려운 신앙적인 이유가 있습니다. 이것이 어쩌면 가장 큰 시험이었을 것입니다. 그것은 이삭을 죽이라는 명령이 이전에 하신 하 나님의 약속의 말씀과 모순이라는 것입니다. 하나님은 창세기 21:12에서 이미 약속하시기를, "이삭에게서 나는 자라야 네 씨라 칭할 것임이니라"

하셨습니다. 그런데 오늘 이삭을 죽이면 어떻게 이삭에게서 나는 자가 생길 수 있겠습니까? 그러므로 꿈에 들은 오늘의 하나님 말씀을 잘못 들은 것으로 해석할 여지가 얼마든지 있었습니다. "내가 잘못 들었을 거야, 하나님은 그런 명령을 하실 리가 없어."라고 말할 수 있었습니다. '하나님께서 앞뒤가 안 맞는 그런 말씀을 하실 리도 없고, 또 아들을 번제로 드리는 것은 하나님의 사랑이라는 성품에 어긋나는 일이 아닌가? 그러므로 이것은 내가 잘못 들었거나 아니면 마귀가 하나님의 이름을 빙자하여 나에게 해코지하는 것이야' 하고 결론을 짓고 당당하게 불순종할 수도 있는 일이었습니다.

그러므로 아들을 번제로 바치라는 하나님의 명령에 만약 아브라함이 불순종하기로 한다면 그것은 충분한 이유를 달 수 있는 신학적인 행위가 될 수 있습니다. 오늘 우리에게 이런 명령이 주어진다면 누가 자기 아들을 내어 놓겠습니까? 얼마든지 합리적이고 근사한 변명을 열거하면서 자기의 불순종을 당당하게 자랑하기까지 할 사람들이 많을 것입니다. 여기서 우리는 아브라함이 얼마나 위대한 믿음의 사람이었는가를 깊이 생각해 보아야 하겠습니다. 사람들이 좀처럼 할 수 없는 순종을 아브라함은 별다른 동요 없이 온전히 수행했다는 사실을 주목하지 않을 수 없는 것입니다.

둘

준행 遵行

아브라함은 아침에 일찍이 일어나 나귀에 안장을 지우고 두 종과 어린 이삭을 깨워서 길을 떠났습니다. 밤중 꿈에 이 말씀을 듣고 일어나 잠시 고민을 했을지 모릅니다. 그러나 그는 마음을 신속하게 정하고 명령을 이행하기 위하여 서둘렀습니다. 하나님을 믿는 사람이 하나님의 뜻을 알고도 실천하지 않고 머뭇거리면 그것은 믿음이 별로 없다는 증거입니다. 그런데 아브라함은 신속하게 준행하였습니다. 그처럼 하기 힘든 결단을 그는 아침 일찍 일어나서 서둘러 준행한 것입니다. 얼마나 믿음의 훈련이 잘 되었는가를 보여주고 있습니다.

하나님의 뜻을 확실히 준행하고자 하는 그의 마음은 동행하던 두 종을 떼어놓는 장면에서 또 잘 나타납니다. 사흘을 걸어가니 마침내 하나님이 지시하신 산이 보였습니다. 이때 아브라함이 종들에게 말했습니다. "너희는 나귀와 함께 여기서 기다리라. 내가 아이와 함께 저기 가서 예배하고 돌아오겠노라." 이렇게 한 이유가 무엇이겠습니까? 만약 종들이 끝까지 함께 간다면 자기가 이삭을 잡아서 묶고 칼을 들어 죽이려고 할 때 그들이 그냥 가만히 있을 리 만무하기 때문입니다.

종들은 아이를 보호하기 위하여 주인을 붙들고 만류하다가 마침내 아이를 안고 도망이라도 칠 수 있을 것입니다. 만일 아브라함의 마음에 조금이라도 아이를 살리고자 하는 마음이 있었다면 일이 그렇게 되는 것을 내심 기대할지도 모릅니다. 종들이 아이를 안고 도망하여 집으로 가는 것을 기다린 다음 하나님께 이렇게 아뢰는 것입니다. "하나님 저는 명령대로 준행하여 여기까지 왔지만, 종들이 방해를 하는 바람에 그만 이 지경이 되었습니다. 어떡하면 좋지요."라고 말입니다. 만약 그랬다면 우리의 마음을 다 알고 계시는 하나님께서 무엇이라 말씀하시겠습니까? 아브라함아, 너는 아직 멀었다, 하지 않으시겠습니까?

그러나 아브라함은 그런 일이 일절 일어나지 않도록 용의주도하게 종들을 따돌린 것입니다. 하나님의 뜻을 철저히 끝까지 준행하는 것은 그렇게 쉬운 일이 아닙니다. 너무나 방해하는 사람들이 많기 때문입니다. 방해자는 원수들만이 아닙니다. 가장 가까운 사람들이 오히려 가장 큰 방해가 됩니다. 그래서 예수님은 네 집안의 식구가 원수가 될 수 있다고 말씀하셨습니다(마 10:36).

이삭을 번제로 드리라는 하나님의 명령에 아브라함으로서는 아무하고도 의논할 수 없었습니다. 이 명령을 이행하는 데 아브라함을 도와줄 사람은 세상에 단 한 사람도 없었습니다. 만약 부인인 사라에게 이 말을 미리 했다면 그녀는 죽기를 불사하고 아이를 보호하였을 것입니다. 그러므로 때때로 하나님의 말씀을 실천하는 일은 외롭기 짝이 없는 일입니다. 세상 사람들의 칭찬과 인기에 연연해서는 결코 할 수 없는 일입니다.

그러므로 하나님을 참으로 믿고 순종하려면 외로운 결단을 내릴 수 있어야 합니다. 세상의 따돌림을 기꺼이 받을 수 있어야 합니다. 그래서 하나님은 우리로 하여금 반드시 그러한 훈련을 받도록 인도하십니다. 아무도 알아주는 사람이 없고, 오히려 사람들로부터 오해를 받고, 소외당하고, 손가락질당할 때, 하나님 때문에 그렇게 된 것을 참으로 감사하게 생각하고 고독을 즐길 수 있는 사람이 하나님의 사람입니다. 이삭을 번제로 바치러 가는 아브라함은 바로 그러한 경지에 이른 사람이라는 것을 알게 됩니다.

셋

여호와 이레

아브라함은 종들을 떼어놓고 번제 나무를 아들 이삭에게 지우고 자기는
불과 칼을 손에 들고 아들과 함께 걸어갑니다. 아버지와 아들이 이제 얼
마 남지 않은 길, 어쩌면 이 세상에서 마지막이 될 지도 모르는 길을 동행
합니다. 불과 칼을 손에 들고 가는 아버지 옆에서 자기를 불태우게 될 나
무를 그 등에 지고 가는 이삭의 모습은, 당신이 그 위에 못 박혀 죽을 십
자가를 등에 지고 골고다의 길을 올라가시는 예수님의 모습과 너무나 흡
사합니다. 그래서 이 장면에서의 이삭은 장차 십자가에 달려 죽으실 예수
님의 그림자라 불리기도 하는 것입니다.

아들 이삭이 아무리 생각해도 이해가 안 된다는 듯이 문득 아버지에게 질문합니다. "아버지 불과 나무는 있거니와 번제할 어린 양은 어디 있습니까?" 다른 것은 다 이해가 되는데 제물이 될 어린 양이 보이지 않으니 궁금하다는 것입니다. 하나님께 제사를 지내러 가는 길인데, 가장 중요한 제물이 안 보인다는 것입니다. 자기가 바로 그 제물이라는 사실을 전혀 모르는 천진난만한 질문이었습니다. 이 말을 들은 아브라함의 심정이 어떠했겠습니까? 그저 죽을 지경이었을 것입니다. 그러나 아브라함은 전혀 내색하지 않고 대답합니다. "내 아들아 번제할 어린 양은 하나님이 자기를 위하여 친히 준비하시리라."

이게 무슨 뜻입니까? 그것은 걱정할 필요가 없는 일이다. 그것은 쓸데없는 걱정이다. 하나님이 계신다는 것을 기억해라. 하나님이 가만히 구경만 하시는 것이 아니다. 하나님이 행하신다는 것을 믿어라. 이런 뜻이었습니다. 아브라함의 이 말은 아들의 질문에 대한 궁여지책으로 한 말이겠지만 여기에는 아브라함의 위대한 믿음이 담겨져 있습니다. 이것을 '여호와 이레' 신앙이라 합니다. 여호와 이레는 여호와께서 준비하신다는 뜻입니다. 하나님께서 준비하신다! 얼마나 놀라운 신앙입니까?

아브라함으로서는 아들의 질문에 답변할 수 없었습니다. 그것은 그로서는 대답할 수 없는 질문이었습니다. 네가 바로 그 어린 양이라고 어떻게 말할 수 있겠습니까? 그래서 아브라함은 여호와 이레라고 말했습니다. 여호와 이레, 하나님이 친히 준비하실 것입니다. 아브라함은 이렇게 대답하면서 동시에 하나님께 기도했을 것입니다. '하나님께서 알아서 해 주십시오. 나는 이해할 수 없습니다. 다만 주께서 명령하시는 대로 행하고 있는 것뿐입니다. 모든 것은 하나님께서 다 알아서 해 주십시오.'라고 말입니다. 그러므로 여호와 이레는 신앙고백이라기보다는 그의 기도제목이었을 것입니다. '그렇게 되기를 바랍니다, 그렇게 하나님께서 친히 준비해 주시기를 바랍니다.'라는 기도였을 것입니다.

하나님을 믿지 않는 사람은 모든 것을 자기 스스로 준비해야 합니다. 그런데 신자는 행복하게도 누군가가 준비해 주십니다. 그가 누구냐 하면 바로 하나님이십니다. 만군의 하나님께서 우리를 위해, 우리를 대신하여 준비해 주십니다. 이 사실을 생각하면 하나님을 믿지 않는 사람들이 불쌍해 보입니다. 하나님이 도와주신다는데, 그것을 받아들이지 않는 사람들이 믿지 않는 사람들입니다. 하나님이 다 준비해 주신다는데 그것이 싫다는 사람들이 바로 안 믿는 사람들입니다. 그러니 안 믿는 사람들이야말로 사서 고생을 하는 불쌍한 사람들이 아니겠습니까?

훌륭한 믿음은 스스로 무언가를 힘써 행하고 그리하여 거창한 소득을 자기 손으로 쟁취하는 그런 것이 아닙니다. 오히려 아무 하는 일이 없는 것 같은 사람, 그런데 하나님이 활동하심으로써 모든 것을 다 이루어내는 사람입니다. 하나님이 일하실 수 있도록 기회를 드릴 줄 아는 사람이 믿음이 훌륭한 사람입니다.

출애굽 한 히브리 백성들 앞에 홍해가 가로막혀 있었습니다. 뒤에는 애굽의 군사들이 무섭게 추격해 오고 있었습니다. 진퇴양난의 상황에서 히브리 백성들은 이제 죽었구나 하고 아우성을 치고 야단법석이었습니다. 이 때 지도자인 모세가 하나님을 의지하여 외쳤습니다. "여호와께서 너희를 위하여 싸우시리니 너희는 가만히 있을지니라"(출 14:14). 과연 여호와께서 그들을 위해 싸우셨습니다. 홍해의 물이 갈라졌고, 히브리 백성들은 다 홍해를 건너갔지만, 애굽의 군대는 그 바다에 다 수장되었습니다. 히브리 백성들은 아무것도 하지 않았고 그저 하나님의 구원하시는 행동을 구경만 했습니다. 하나님께서 다 해주셨습니다. 우리 하나님은 여호와 이레의 하나님이신 것입니다.

어떤 면에서 우리는 황송하게도 만군의 하나님의 서비스를 받는 사람들입니다. 우리가 하나님을 믿고 하나님께 예배를 드리고 그 이름을 높여드리기만 하면 그 다음에는 하나님이 다 하십니다. 하나님이 우리를 위해 봉사하시고 행동하시는 것입니다. 얼마나 좋은 일입니까? 하나님이 우리의 집사가 되셔서 우리를 위해 모든 일을 다 해주시니 얼마나 행복한 일입니까? 이것이 그리스도인의 삶입니다. "어린 양은 하나님이 자기를 위하여 친히 준비하실 것입니다. 우리가 걱정할 일이 아닙니다."라고 말하는 것. 이 믿음이 여호와 이레의 믿음입니다.

넷

부활復活

여호와 이레의 신앙의 다른 측면은 부활 신앙입니다. 이삭을 바치는 아브라함의 행동은 그의 부활 신앙에서 나왔다는 것입니다. 히브리서 기자는 11:19에서 아브라함이 가지고 있던 여호와 이레의 신앙을 이렇게 부활의 신앙이라고 해석하였습니다. "그가 하나님이 능히 이삭을 죽은 자 가운데서 다시 살리실 줄로 생각한지라. 비유컨대 그를 죽은 자 가운데서 도로 받은 것이니라."

하나님은 이미 아브라함에게 네 자손이라 칭할 자는 이삭의 씨라야 한다고 하셨습니다. 그런데 이제는 그 이삭을 번제로 바치라고 하셨습니다.

이 모순되는 말씀 속에서 아브라함은 부활의 신앙을 가지게 된 것입니다. 다른 사람들이 그것은 모순입니다. 그러니 하나님의 말씀도 아니고 순종할 필요도 없습니다, 하고 항변할 때에, 아브라함은 부활의 믿음으로 그것을 받아들인 것입니다. 하나님의 두 말씀이 이루어지기 위해서는 딱 한 가지 방법밖에는 없었기 때문입니다. 그것은 하나님이 죽은 이삭을 다시 살리시는 것입니다. 하나님께서 어떤 방법으로 하실지 모르지만 어쨌든 하나님은 이삭을 다시 살리실 것입니다. 이것이 아브라함의 믿음이라고 히브리서 기자는 해석한 것입니다.

아브라함이 하나님의 약속을 받은 이삭을 죽여서 번제로 바치기로 한 데에는 하나님의 부활의 능력에 대한 믿음이 있었습니다. 그렇지 않고는 아브라함의 순종을 이해할 수 없습니다. '하나님께서 어떤 방법으로 하실지 나는 모릅니다. 그것은 하나님의 소관입니다. 하나님이 알아서 하실 것입니다. 여호와 이레이신 하나님은 어떻게 하시든지 간에 이삭에게서 씨를 보게 하실 것입니다. 이삭이 자식을 낳을 것이고 그 씨가 큰 민족을 이룰 것입니다. 그러려면 이삭이 살아야 합니다. 아직 자식이 없는 이삭을 죽여 번제로 바치라고 하시는 하나님은 죽은 이삭을 어떻게든 다시 살려서 큰 민족의 조상이 되게 하실 것입니다. 이삭은 다시 살아날 것입니다. 부활할 것입니다. 그 길 외에는 없는 것입니다.' 이것이 아브라함의 믿음이었습니다. 그러므로 하나님이 친히 준비하실 것이라는 말은 아브라함의 부활 신앙의 표현인 것입니다.

다시 말하면 아브라함은 예수 그리스도의 부활 사건 이전에 이미 부활 신앙을 가지고 있었던 사람이라는 것입니다. 그래서 바울은 로마서에서 말했습니다. 아브라함이 믿은 바 하나님은 없는 것을 있는 것처럼 부르시는 창조주 하나님이실 뿐만 아니라 죽은 자를 살리시는 부활의 하나님이라고 말입니다(롬 4:17).

이미 아브라함은 자기 종들에게 말한 적이 있습니다. "너희는 나귀와 함께 여기서 기다리라. 내가 아이와 함께 저기 가서 예배하고, 우리가 너희에게로 돌아오리라"(창 22:5). '우리' 곧 아브라함과 이삭이 너희에게로 돌아오리라 하였습니다. 물론 이 말은 종들이 의심하지 않도록 하기 위해 한 말입니다. 그러나 여기에는 아브라함의 믿음이 들어 있음이 분명합니다. 그는 이삭을 번제로 드리려고 가고 있습니다. 그러나 그는 하나님의 약속을 믿었습니다. 그러므로 하나님께서 어떻게 하시려는지 나는 모르지만 어쨌든 내가 이 아이와 함께 돌아오게 하실 것이라고 믿은 것입니다. 바로 부활의 신앙이었습니다. 히브리서 기자가 11장에서 말한 그대로입니다.

아브라함이 드디어 하나님이 일러주신 곳에 이르렀습니다. 그는 그곳에 제단을 쌓고 나무를 벌여 놓고 아들 이삭을 잡아 결박하여 제단 나무 위에 놓았습니다. 그는 정말 하나님이 어떻게 하실지 알지 못했습니다. 그러나 그는 하나님을 믿었습니다. 전능하신 하나님이, 약속을 반드시 지키시는 하나님이, 반드시 이 문제를 완벽하게 해결하실 것을 믿었습니다. '나는 그저 하나님을 믿고 명령하신 대로 할 뿐이다.' 이렇게 생각하며, 기도하며, 묵묵히 일을 진행하고 있었습니다. 드디어 아브라함은 아들을 결박하고, 두려워 떨고 있는 아들을 향하여 칼을 빼어 들었습니다. 그리고 두 눈 딱 감고 아들을 향해 내리치려고 하였습니다.

그 순간 하늘에서부터 다급한 소리가 들려 왔습니다. "아브라함아, 아브라함아!" 아브라함이 동작 그만인 상태로 대답합니다. "내가 여기 있나이다." "그 아이에게 네 손을 대지 말라. 그에게 아무 일도 하지 말라. 네가 네 아들 네 독자까지도 내게 아끼지 아니하였으니 내가 이제야 네가 하나님을 경외하는 줄을 아노라."

참으로 극적인 순간이었습니다. 아브라함이 안도의 숨을 내쉬며 주위를 둘러보았습니다. 그의 눈에 한 숫양이 수풀에 뿔이 걸려 도망하지 못하고 있는 것이 보였습니다. 그것이 바로 하나님께서 이삭 대신 준비하신 제물이었습니다. 여호와 이레, 하나님께서 미리 준비해 놓으신 것입니다. 하나님은 이렇게 제물을 준비해 놓으시고는 아브라함의 믿음을 시험하신 것이었습니다.

이삭은 이렇게 하여 죽임을 면했지만, 사실상 죽은 것이나 방불했습니다. 그는 죽었다가 다시 산 것입니다. 이삭의 인생은 아버지 아브라함이나 아들 야곱과는 달리 극적인 반전이 없습니다. 그 이유는 그가 이때 이미 죽음을 경험하였기 때문으로 설명될 수 있습니다.

그는 자기가 주체가 되는 삶에 있어서는 이미 죽은 것입니다. 그가 계속 살 수 있었던 것은 하나님이 그를 다시 살리셨기 때문이라고 자기 인생을 해석하였을 것입니다. 그래서 그는 모든 것을 하나님의 은혜로 돌리며 감사하며 살았습니다. 자기 아내도 자기가 구하지 않고 아버지의 종이 구해 오는 대로 받아들였습니다. 아비멜렉이 우물을 빼앗아도 개의치 않았습니다. 아들 야곱이 자기를 속여도 직접 징계하려고 하지 않았습니다. 모든 것을 하나님의 손에 맡기는 삶을 살았습니다. 자기가 죽어 없는 삶을 산 것입니다. 그런 점에서 이삭은 예수 그리스도의 삶을 가장 잘 예시해 주는 그림자라 할 수 있습니다.

다섯

경외 敬畏

하나님은 아브라함을 이렇게 칭찬하셨습니다. "내가 이제야 네가 하나님을 경외하는 줄을 아노라." 잠시 후 다시 아브라함에게 말씀하셨습니다. "내가 나를 가리켜 맹세하노니 네가 이같이 행하여 네 아들 네 독자도 아끼지 아니하였은즉 내가 네게 큰 복을 주고 네 자손이 크게 번성하게 하리라." 그리고 또 말씀하셨습니다. "네 자손으로 말미암아 천하만민이 복을 받으리니 이는 네가 나의 말을 준행하였음이니라."

이 말씀을 통하여 우리는 하나님이 아브라함에게 무엇을 시험해 보셨는가를 밝히 깨닫게 됩니다. 그것은 그가 하나님을 얼마나 경외하는가 하는 것이었습니다. 하나님을 참으로 경외하는 자는 하나님이 주신 가장 귀한 선물보다도 하나님 자신을 더 소중히 합니다. 하나님과 선물 중에서 한 가지를 택해야 할 때 그는 하나님을 선택합니다. 그것이 하나님을 참으로 경외하는 증거입니다. 아브라함에게 있어서 하나님으로부터 받은 가장 크고 귀한 선물은 이삭이었습니다. 하나님은 아브라함에게 하나님의 말씀과 이삭 중에서 하나를 선택하도록 시험하셨습니다. 아브라함은 아들 이삭까지도 희생하기로 하고 하나님의 말씀을 준행하였습니다. 이것이 하나님을 경외하는 사람의 행동입니다. "이는 네가 나의 말을 준행하였음 이니라."

하나님은 우리가 얼마만큼 하나님을 경외하여 그 말씀을 준행하는지를 늘 알고 싶어 하십니다. 우리에게 가장 소중한 것보다도 하나님의 말씀을 더 소중히 여겨 준행할 때 하나님은 비로소 우리를 믿으시고 우리에게 모든 것을, 가장 귀한 것을 아낌없이 주실 것입니다. 우리는 우리의 이삭을 언제라도 버릴 수 있는 믿음의 수준에 이름으로써 하나님께서 참으로 안심하고 우리를 신뢰하실 수 있는 그런 사람이 되어야 하겠습니다.

아브라함이 75세에 하나님의 말씀을 좇아 신앙의 여정을 시작한 것은 복을 얻기 위해서였습니다. 행복한 인생을 위함이었습니다. 그런데 이제 마지막 여정에서 하나님의 말씀을 준행한 것은 하나님을 경외하기 때문이었습니다. 자기가 받아 누리는 최고의 복이라 할 수 있는 이삭보다도 하나님을 더 사랑하기 때문이었습니다. 그는 이삭을 얻기 위하여 달려왔지만 지금은 하나님을 위하여 이삭을 버릴 수 있는 경지에 이르렀습니다.

창세기 15장에서 하나님은 아브라함에게 "내가 너의 지극히 큰 상급이라" 하셨습니다. 그때 아브라함은 그것을 전혀 이해하지 못했습니다. 그가 생각한 상급은 자기 몸에서 날 아들이었습니다. 그런데 이제는 그때의 하나님 말씀을 너무나 잘 이해할 수 있었습니다. 이삭이 지극히 큰 상급이 아니라는 것을, 하나님이야말로 지극히 큰 상급이라는 것을!

성경은 우리가 장차 하나님의 나라에 들어가서 하나님으로부터 상을 받을 것이라고 약속하였습니다. 우리는 구체적으로 어떤 상을 받게 될까요? 믿음이 좋은 사람은 큰 상을 받고 믿음이 약한 사람은 작은 상을 받는 것일까요? 주님을 위해 큰일을 한 사람은 큰 상을 받고 일을 적게 한 사람은 작은 상을 받는 것일까요? 하나님의 나라에서도 어떤 사람은 큰 상을 받고 다른 사람은 작은 상을 받음으로써 상대적 행복과 불행을 느끼게 될까요? 그렇지 않을 것입니다. 하나님의 나라에서 우리가 받을 상은 다 똑같을 것입니다. 그 상은 다름 아닌 하나님입니다. 하나님이 우리의 지극히 큰 상급입니다.

하나님이 지극히 큰 상급임을 아는 사람은 지극히 큰 기쁨과 즐거움을 누릴 것입니다. 그러나 만일 하나님보다 다른 것을 더 크게 생각하는 사람은 그만큼 기쁨과 즐거움이 줄어들 것입니다. 하나님을 아는 만큼 우리의 행복은 증가할 것입니다. 그러므로 장차 하나님의 나라에서 큰 상과 작은 상을 각각 따로 받는 것이 아닙니다.

하나님이라는 동일한 상의 기쁨을 어떤 사람은 크게 누릴 것이고 다른 사람은 작게 누릴 것입니다. 하나님이라는 영원한 상의 영광을 가장 크게 누리기 위해서는 하나님을 많이, 깊이 알아야 할 것입니다. 힘써 하나님을 찾고, 힘써 예수님을 알아야 할 것입니다. "내 주 그리스도 예수를 아는 지식이 가장 고상하기 때문이라"(빌 3:8).

나오는 말

하나
사라의 죽음과 매장(埋葬)

아브라함의 배다른 누이이면서 동시에 평생을 함께했던 아내 사라는 127세를 일기로 죽었습니다. 아브라함이 슬퍼하며 애통하다가 일어나 아브라함이 나그네로 거류하던 땅의 주인인 헷 족속에게 가서 매장할 소유지를 샀습니다. 그는 땅을 지목하여 말했습니다. "나를 위하여 소할의 아들 에브론에게 구하여 그가 그의 밭머리에 있는 그의 막벨라 굴을 내게 주도록 하되, 충분한 대가를 받고 그 굴을 내게 주어 당신들 중에서 매장할 소유지가 되게 하기를 원하노라." 그리하여 많은 증인들 앞에서 은 400세겔을 달아 에브론에게 주고 그 밭을 소유 매장지로 샀습니다. 창세기 23장은 온통 이 한 사건을 상세히 기록하고 있는데, 그 의미는 아브라함이 비로소 자기 소유의 땅을 얻었다는 것입니다. 하나님은 이미 아브라함에게 여러 차례 땅을 주시겠다고 약속하셨습니다.

구체적으로 한 말씀을 찾아보면 이러합니다. "내가 이 땅을 애굽 강에서부터 그 큰 강 유브라데까지 네 자손에게 주노니, 곧 겐 족속과 그니스 족속과 갓몬 족속과 헷 족속과 브리스 족속과 르바 족속과 아모리 족속과 가나안 족속과 기르가스 족속과 여부스 족속의 땅이니라 하셨더라"(창 15:18-21). 그러나 아브라함에게 평생 자기 이름으로 된 땅은 에브론의 밭 곧 그 밭과 거기에 속한 굴, 즉 막벨라 굴과 그 주위에 둘린 모든 나무가 다였습니다. 하지만 이것이 중요함은 드디어 하나님이 땅에 대해 주신 약속도 이루어지고 있다는 증거이기 때문입니다.

하나님은 이 세상에 하나님의 주권이 확실히 미치는 나라를 세우고자 하셨습니다. 아담의 불순종으로 이루어지지 않은 그 나라를 아브라함과 그 자손들을 통하여 세우고자 하셨습니다. 나라는 주권과 백성 그리고 영토로 이루어집니다. 하나님의 나라는 하나님의 주권이 미치는 나라인데, 필요한 것은 그 나라의 백성과 영토였습니다. 하나님은 아브라함에게 이 두 가지를 처음부터 약속하셨습니다. 내가 너로 큰 민족을 이루게 하겠다는 것은 하나님 나라의 백성에 관한 약속입니다. 이 땅을 너와 네 후손에게 주겠다는 것은 하나님 나라의 영토에 대한 약속입니다.

아브라함의 일생을 통하여 하나님께서 주로 훈련하신 것은 백성과 관련해서입니다. 그것은 이삭을 낳게 하심으로 이루어졌습니다. 땅에 대해서 구체적으로, 상세히 언급한 대목이 바로 23장 막벨라 굴에 대한 기사입니다.

그러면 오늘 우리는 이 말씀을 어떻게 이해해야 할까요? 우리는 예수 그리스도로 말미암아 하나님 나라의 백성이 되었습니다. 그러면 하나님 나라의 영토는 어디에 있습니까? 요한계시록에서 하나님은 아담이 상실한 에덴동산을 완성된 형태로 회복해 주셨음을 발견할 수 있습니다. 바로 새 예루살렘입니다. 하나님과 어린 양 예수 그리스도의 보좌가 그 가운데 있고, 그 보좌로부터 생명수의 강이 흐르고, 강 좌우편에 생명나무의 열매가 계절을 좇아 주렁주렁 열리는 나라가 바로 하나님이 우리 모든 백성들에게 약속하신 새 하늘과 새 땅, 새 예루살렘인 것입니다!

둘
이삭의 결혼(結婚)

창세기 24장은 이삭의 부인이 될 리브가를 데려오는 장면입니다. 아브라함이 죽기 전에 해야 할 나머지 한 가지 일은 아들 이삭을 결혼시키는 것이었습니다. 부인 사라가 죽었으니까 이 일은 전적으로 아브라함이 해야 할 일이었습니다. 이삭은 나이 사십이 되었어도 스스로 자기 아내를 구하는 일을 하지 못하는지 안 하는지 모르지만 홀로 살고 있었습니다. 어머니 사라의 사랑과 보호를 듬뿍 받으면서 살았는데, 이제 어머니가 죽고 쓸쓸하게 살게 되었습니다. 그래서 아브라함은 자기의 늙은 종을 불러서 이삭의 아내 될 사람을 밧단 아람의 자기 동족에게서 구하게 하였습니다.

아브라함이 신앙을 위해 떠나온 자기 족속에게서 며느리를 구하고자 한 것은 그래도 자기 족속이 하나님과 가까웠기 때문입니다. 가나안에 있는 불신자들의 세계에서 며느리를 얻으면 이삭의 신앙을 어떻게 보장할 수 있겠는가 염려한 것입니다. 종이 혹시 며느리 감을 구하지 못하면 어떡하나 하고 걱정하자 아브라함이 평생 동안 연단된 자기의 신앙을 따라 이렇게 대답하였습니다. "하늘의 하나님 여호와께서 나를 내 아버지의 집과 내 고향 땅에서 떠나게 하시고 내게 말씀하시며 내게 맹세하여 이르시기를 이 땅을 네 씨에게 주리라 하셨으니 그가 그 사자를 너보다 앞서 보내실지라. 네가 거기서 내 아들을 위하여 아내를 택할지니라." 이것은 성경에 기록된 아브라함의 마지막 말이 되었습니다.

이렇게 하여 아브라함은 자기 종의 도움을 받아 밧단 아람에서 자기 형의 손녀인 리브가를 며느리로 맞이하게 되었습니다. 리브가는 하나님을 믿는 신앙과 성품과 외모까지 아름다운 여인이었습니다. 아브라함은 자기 아들 이삭을 위하여 필요한 모든 것을 갖추어주고 세상을 떠나게 됩니다.

셋
아브라함의 후처와 죽음

창세기 25장에는 아브라함이 후처를 맞이하였는데, 그 이름은 그두라였습니다. 아브라함과 그두라 사이에 무려 여섯 명의 아들이 태어납니다. 시므란, 욕산, 므단, 미디안, 이스박, 수아였습니다. 아브라함과 사라의 나이

차이가 10세인 것을 생각하면 그의 나이 137세에 사라가 죽고 이삭을 장가보내고, 그 다음에 후처를 맞이하였습니다. 대략 140세의 일이었고, 아브라함은 175세에 죽었으니, 35년을 그두라와 함께 살았던 것입니다.

아브라함은 죽기 전에 이삭에게 자기의 모든 소유를 주었고, 서자들에게도 재산을 주어 자기 생전에 그들로 하여금 자기 아들 이삭을 떠나 동방 곧 동쪽 땅으로 가게 하였습니다. 아브라함이 175세에 마침내 죽으니 그의 아들 이삭과 이스마엘이 그를 마므레 앞 헷 족속 소할의 아들 에브론의 밭에 있는 막벨라 굴에 장사하였습니다. 사라와 함께 묻힌 것입니다.

넷
아브라함에게 주신 하나님의 약속(約束)

아브라함이 죽은 후에 하나님은 아들 이삭에게 복을 주셨습니다. 이삭이 일생 평안하게 180세를 향수하였는데, 이삭의 일생은 거의 아버지 아브라함의 후광 덕분이라 할 만합니다. 창세기 26장에 이런 말씀이 기록되어 있습니다. "여호와께서 이삭에게 나타나 이르시되 애굽으로 내려가지 말고 내가 네게 지시하는 땅에 거주하라 이 땅에 거류하면 내가 너와 함께 있어 네게 복을 주고 내가 이 모든 땅을 너와 네 자손에게 주리라 내가 네 아버지 아브라함에게 맹세한 것을 이루어 네 자손을 하늘의 별과 같이 번성하게 하며 이 모든 땅을 네 자손에게 주리니 네 자손으로 말미암아 천하 만민이 복을 받으리라 이는 아브라함이 내 말을 순종하고 내 명령과

내 계명과 내 율례와 내 법도를 지켰음이라 하시니라"(창 26:2-5).

뿐만 아니라 그 후에도 여호와께서 이삭에게 나타나 말씀하셨습니다. "나는 네 아버지 아브라함의 하나님이니 두려워하지 말라 내 종 아브라함을 위하여 내가 너와 함께 있어 네게 복을 주어 네 자손이 번성하게 하리라 하신지라"(창 26:24). 하나님은 이삭과 그 아들 야곱에 이르기까지 소위 믿음의 조상들이 하나님의 복을 받기에 합당한 자들이 되도록 늘 함께하며 보호하셨습니다. 그 이유는 아브라함에게 하신 약속을 지키기 위함이었습니다. 하나님은 아브라함이 죽은 후에도 그 약속을 지키기 위하여 후손들과 함께하신 것입니다. 이삭, 야곱이 위대한 하나님의 사람들로 세워진 것은 그의 조상 아브라함 덕분인 셈입니다.

오늘 우리 그리스도인들은 어떠합니까? 우리가 하나님의 사람들로 세워진 것은 누구 덕분입니까? 바로 아브라함 덕분입니다. 하나님이 아브라함에게 주신 복된 약속이 우리에게 이루어진 것은 예수 그리스도 덕분입니다. 예수 그리스도께서 세상 만민과 특별히 우리를 위하여 사람이 되시고, 십자가에서 우리 대신 죽으셨기 때문에, 그 덕분에, 그 공로로, 오늘 우리들이 하나님의 백성으로서 보호받고 복을 받고 은혜 가운데 거할 수 있는 것입니다.

다섯
성공(成功)과 실패(失敗)

아브라함의 신앙의 전체 여정에서 어떻게 성공하고 실패했는지 요약함으로써 그의 인생을 정리하고자 합니다.

그는 고향, 친척, 아버지의 집을 떠나 하나님께서 지시하시는 곳으로 가라는 말씀을 듣고(창 12:1-2) 순종하는 길을 선택함으로써 성공적인 출발을 하였습니다. 신앙은 익숙한 것을 떠나 미지의 세계를 개척하는 것임을 보여주었습니다.

기근이 심한 가나안 땅에서(창 12:10) 그는 물질적 풍요의 땅인 애굽으로 이주함으로써 신앙적으로는 실패했습니다. 신앙은 불리함을 감수하고 척박한 땅에서 버티는 것이라는 교훈을 우리에게 보여주었습니다.

생명을 잃을까 염려되는 상황에서(창 12:13) 그는 또 실패했습니다. 자기 백성을 부르시고 그의 생명을 보호하시는 하나님께 대한 신뢰를 잃은 것입니다. 신앙은 아무리 위험하더라도 하나님을 믿고 의연한 태도를 취하는 것입니다.

그러나 그는 롯과의 물질적 갈등(창 13:8-9)에서 드디어 성공하게 됩니다. 하나님을 믿는 사람은 물질보다는 사람을 선택할 것입니다. 신앙은 사람을 얻기 위해 물질을 양보하는 것입니다.

아브라함은 전쟁 포로로 끌려가는 롯을(창 14:14-16) 구하기 위하여 자신의 모든 것을 걸고 참전하였는데, 이로써 큰 성공을 거두게 됩니다. 전쟁에서 승리했기 때문이 아니라 그 전쟁은 목숨을 건 사랑의 행위였기 때문입니다.

소돔 왕의 부적절한 제의(창 14:20-24)를 받은 아브라함은 그것을 깨끗이 물리침으로써 물질 면에서 완전히 성공했음을 보여줍니다. 신앙은 물질적 이익보다는 하나님의 사람으로서의 깨끗한 명예를 선택하는 것입니다.

아브라함은 자식에 대한 하나님의 약속의 성취를 소망할 수 없는 상황에서(창 15:1-6) 하나님을 믿음으로써 신앙의 의가 무엇인가를 보여주었습니다. 신앙은 불가능한 상황에서 하나님의 가능성을 믿는 것입니다.

그러나 그는 하나님의 말씀과 인간의 말 사이에서(창 16:2) 또 한 번 실패를 경험합니다. 하나님의 말씀보다 아내의 말을 듣고 만 것입니다. 신앙은 어떤 경우에도 사람보다는 하나님의 말씀을 듣는 것입니다.

그러나 아브라함은 혈육의 정을 끊는 결단을 함으로써 하나님의 말씀에 철저히 복종하게 됩니다(창 21:12). 신앙은 인간적으로 차마 하지 못할 일일지라도 하나님의 뜻이라면 그대로 순종하는 것입니다.

그는 자신의 지식과 하나님의 말씀과의 갈등에서(창 22:2) 성공합니다. 이삭을 죽이면 약속이 성취되지 못한다는 것이 인간으로서의 지식이었습니다. 그러나 그것을 부인하고 하나님의 말씀에 순종했습니다. 신앙은 자신의 신학보다 하나님의 말씀을 따르는 것입니다.

마지막으로 아브라함은 하나님의 선물과 하나님 자신과의 갈등(창 22:12)에서 최종적인 성공을 거두게 됩니다. 이삭보다 하나님을 선택한 것입니다. 신앙은 하나님을 얻기 위해 하나님의 약속의 선물을 버리는 것입니다.

결론적으로 신앙은 하나님 한 분을 나의 모든 것으로 여기는 것입니다 (God is everything to me).